安岡正篤
Masahiro Yasuoka

聖賢の教えに心を洗う

洗心講座

致知出版社

まえがき

本書は、先般昭和四十年に関西師友協会から記念出版された『活学』三部作から十編を選んで出版された『活学講座』の続刊として刊行されたもので、今回は同じく『活学』の中から四編を選んで『洗心講座』と題しての刊行である。

ところで、これまで少しは父の著作を始め、東洋古典に親しんできた心算《つもり》であったが、「論語読みの論語知らず」で、不肖の息子として書架から『活学』を取り出して読み直してみて、こんなことも知らなかったのかとしみじみと反省しきりである。

選ばれた四編の中からいくつか心に響く原文と父の解説を紹介しておきたい。

『中庸』章句に学ぶ

「天命之を性と謂ひ、性に率《したが》う之を道と謂ひ、道を修むる之を教と謂ふ」

天命の命は造化の絶対的作用を言う。その作用・働きが、人間を通じて発すると、性というものになる。性は生でもよいのですが、高等動物、特に人間になると、心理・精神が発達して来ておるから、忄編をつける。これは人間の本質です。その性に率《したが》って、実践し開発してゆくのが道というものである。

『老子』と現代

「天は長く地は久し。天地の能く長く且久しき所以の者は、其の自ら生ぜざるを以ての故に能く長生す。是を以て聖人は其の身を後にして身先んじ、其の身を外にして身存す。其の私無きを以てに非ずや。故に能く其の私を成す」

余りに私に走るということは、これは枝葉末節に走ることであるから、却って生命が短くなる。誠にその通りであります。われわれは私を去ることによって、はじめて本当に私を成すことが出来るのであります。

『言志四録』と人生

「山獄《さんがく》に登り、川海を渉り、数千里を走る。時有りては露宿《ろしゅく》して寝ねず。時有りては饑《う》えて食はず、寒《こご》えて依ず。比れは是れ多少実際の学問なり。夫の徒爾《いたずら》に明窓浄几《めいそうじょうき》、香を焚き書を読むが若きは、恐らく力を得る処少からん」

人間は鍛錬しないといけない。単に坐って本を読むだけで、人物は出来るものではない。真の体力・健康というものはもっと矛盾に富んだ、もっと苛烈な、自然の暑さ・寒さ・飢餓、その他いろいろの不自由やら迫害と闘って、自然に鍛え上げるものでなくてはならない。そういう意味から言うならば、文明の知識と技術の下につくり上げられた体力・生命力というものは弱いものである。

『小学』の読み直し

「古は小學・人を教ふるに、灑掃《さいそう》・應對《おうたい》・進退の節、親を愛し長を敬し師を尊び友に親しむの道を以てす」(以下略)

灑掃は拭き掃除、それに応対、進退というような作法、こういう根本的なことが出来て、初めて修身、斉家、治国・平天下といったことに発展することが出来る。

閑話休題《さて》、父の学問・思想の真髄は人間学。その人間学の中核は人物学といえるが、単なる人物論とは異なり、中国二千年もの栄枯盛衰の歴史の中で活躍し古典に名を遺した多くの人物に光をあてていること。そしてその生き様を今日に反映させて、この激動の時代にわれらいかに生くべきかを卓識をもって諄々と説いていることが、今もなお多くの方々の心に訴えるからであろう。

願わくば本書を座右の友として、先哲の言葉を噛みしめながら活読していただきたい。

平成二十二年九月

財団法人郷学研修所・安岡正篤記念館
理事長　安岡　正泰

洗心講座――目次

装　幀――川上成夫
編集協力――柏木孝之

『中庸』章句に学ぶ

一　序　論

歴史と哲学を学ばなければ現代はわからない

この講座は、古典や漢学の研究をするというよりは、歴史と哲学に基づいて、活きた時局、時代を解釈し、認識するために、又それに即してわれわれの根本的な教養、確信を養わんがために、始まったわけでありまして、従ってわれわれは常にこの現実、時勢というものを考察しつつ本を読む、という態度が大事であります。

特に今日のような複雑多難な時局になって参りますと、単なる表面的なニュースやレポートといったものでは、ほとんど見通しも立たなければ、解釈もつかない。やはり広く且つ深く歴史と哲学を学ばなければ、本当のことはわからないのであります。

例えば今、問題の対中共関係や対米関係の問題にしても、又米中関係はどうなるかというような問題にしても、新聞記事などから考えておったのでは、ますます混乱・混迷するだけで、到底本当のことはわかりません。

況《いわ》んや今日はもう武力戦の時代ではなくて、政治戦の時代であります。これについてはすでに何回か論評致しましたので、みなさんもよくご承知のことと存じますが、それだけに国と国との間は至極複雑・広汎になっておりまして、昔のように単純に動けない、又とりとめのないニュースなどではわからない。

ところが『六韜三略《りくとうさんりゃく》』・『孫子《そんし》』・『呉子《ごし》』というような戦略・戦術の、原典というか、古典を読んでみると、もうはっきり答えが書かれてある。古典を読むと、現代がはっきりするのです。

古典は決して単なる古典ではなくて、現代の活きた注釈になる。現代において古典の出版や研究が盛んに行われておるのも、所以《ゆえん》はそこにあるわけです。しかし或る程度の教養がないと、それをこなすことが難しい、本当の解釈がつかない。

今日の混乱・頽廃は教養の貧弱に原因するか

数年前、経済同友会でありましたか、パリの有力財界人達がウイーク・デーをどういうふうに使っておるか、ということについて調査をしたことがあります。そうすると多数の回答が寄せられたが、驚いたことにその殆《ほと》んどが、ウイーク・デーの半分は自宅で夜を過ごしておる。つまり家で晩餐《ばんさん》を摂《と》って、自分の自由時間にしておるわけです。そうしてその自由時間を何に使っておるかと言うと、数字は忘れましたが、過半数がギリシャやローマの古典、或いはフランスのモラリストの著書、といったものを専《もっぱ》ら読んでおる。日本の財界人の大方が宴会と遊戯に使っておるのと較べると、全く違う。これは大いに考えなければならぬ、というので一時大層話題になっておりました。

一般に日本の指導階級の教養の貧弱ということが現代日本の弱点になっておることは否めない事実でありますが、これは指導階級ばかりではありません。学生までも教養が甚だ乏しくなっておる。そこで混乱と頽廃《たいはい》が日に進むばかりで、前大戦の後であれば、もうとっくに消滅しておる筈《はず》のナンセンスなデカダン、或いは過激な革命運動というようなものが、盛んに流行するのです。昨今の赤軍派だの、革マル派だの、といった連中のやっておることを見ましても、全くナンセンスでありまして、凡《およ》そ革命運動などと言うものではない。こういうものを脱却しない限り、本当の時代が生まれて来ない。結局これも教養の問題であると結論して宜《よろ》しい。

先程申しました中共問題にしても、今、行われておるようなことが、果してどれだけ正しいか、又意義があるか、というようなことになりますと、殆んど一般の人にはわからない。わかるためには相当程度の教養と見識とを要する。新聞や雑誌等をいくら読んでも、頭が混乱するばかりでありります。

やはり真剣に、中国ならば中国の歴史、又その間に生まれておる権威ある古典、それも種類・範囲を相当広げて読んでおらなければ、時局の解釈はできません。そこに今の日本の政界・財界、或いはマスコミ界が権威がなく、混迷する一番痛い理由があるわけであります。そこへゆくとヨーロッパの方が——アメリカになるとちと劣りますけれども——却って見識のある、適切な批評・評論が多い。ということは結局彼等にそれだけの教養があるからであります。

「ひよわな花・日本」

これは対外問題ばかりではありません。対内問題、日本自体についてもそうです。昨今は日本に対する評価・評論が、つい二、三年前のハーマン・カーンなどの時代と大分変わって参りまして、日本というものを改めて見直そうという、つまり良い意味ではなくて、日本は思っておったような国ではない、本質的に弱点を持った、これから先どうなるかわからぬ警戒すべき国である、というふうな観察・忠言が多くなって参りました。日本の出版界にもたくさん出ております。

例えば一番新しいところでは、ポーランド系のアメリカ人で、ズビグネフ・ブレジンスキーという国際政治学者の書いた、The Fragile Blossom-Crisis and Change in Japan『ひよわな花・日本』という書物があります。つまり日本という国は、きれいに咲いているように見えて、実ははかない、もろい花だ、というわけであります。勿論外国人のことでありますから、いささか上っすべりした感じもあり、見当外れのところもありますけれども、なかなか鋭く問題の核心をついており、烱眼《けいがん》な評論も随所にひらめいておる。誠に辛辣《しんらつ》な本でありまして、皆さん方がお読みになって必ず参考になる本です。

今までは、日本に対する外国の評論と言うと、ハーマン・カーンのように、或いは経済の大国であるとか、二十一世紀は日本の世界であるとかいうような礼讃が大層多かったのでありますが、それがむしろ主流をなしておったのでありますが、いつの間にかそういう見方は跡形もなく去ってしまって、今や本当に深刻で辛辣な批評が多くなっております。

それは結局、日本の繁栄には根柢《こんてい》がないということです、精神的・実質的裏打ちがないということです。日本人は国際的にまだ教養・実力ができておらぬ、というこれは痛い批判に外ならない。事実その通りでありまして、日本人はあらゆる点に於て人間的・国民的・民族的教養が本当でない、ということに帰着するようであります。余りにも皮相な、目先の、打算的・功利的成功にばかり走って、本当に考えが足りなかった。そのためにいち早く忌むべき反動が生じ、頽廃堕落が深刻になって来ておるわけであります。

『中庸』の意義

そこで、今回から何回かに亘《わた》って『中庸』の章句を読むわけでありますが、みなさんもそういう精神で読んでいただきたいと存じます。

もともと『中庸』は『礼記《らいき》』の一部分でありまして、それが今日のように独立したものになったのは、宋初に出ました二程子——程明道《ていめいどう》・程伊川《ていいせん》の兄弟——がこれを『礼記』から取り出して、独立の地位を与えて尊重したからであります。

次いで、南宋に出ました一代の大儒、朱子がこれを校訂して、朝廷において官学に採用し、特に官吏の登庸《とうよう》試験である進士《しんし》の試験に必須の文献としたために、中国は勿論、延《ひ》いて日本にでも最も重要な経典の一つになったわけでありまして、これはもう皆さんもすでにご承知のことであります。

又「中庸」の意義でありますが、「中」については今までたびたびお話致しましたので、今回は略しまして、「庸」について少し解説をして置きたいと思います。

この字は普通の常識では「凡庸」と連なって理解されておるのでありますが、実はいろいろの意味がございまして、説文学的に申しますと、庸は庚＋用であります。庚には改める、更新するという意味がありますが、庸にもやはり同じ意味があって、そこから、絶えず刷新してゆく、続くという意味が出て来る。又、それに従って、用いるという意味も出て来る。

だから雇傭《こよう》する、人をやとうというのは、何のためかと言うと、いろいろ仕事を絶えず刷新してやって貰うためなのです。そこで庸の字は手柄・功績・業績の意味にもなる。

又従ってつねという意味もある。人の名前に使われる時には、大抵つねと読んでおります。みなさんに親しい名前では高田の馬場で有名な堀部安兵衛武庸、あれもたけつねと読む。何故つねと読むか。人を用いて、いろいろ業績を挙げてゆくのには、どうしてもそこに一貫して変わらざるものがなければならん。そこで一般化しますと、当然つね、平常という意味が生まれて来るわけです。

又恒徳という意味にもなる。そういう風になって来ますと、みんな嬉しいこと、楽しいことになりますね。いつも変わらずによく仕事をして、役に立って、それがお手本・きまりになってゆくような人になると、自然とみんなの調和がよくなる。そこで和やか・やわらぎという意味もある。これは人間にとって極めて望ましい一般的・普遍的なことである。又そうなければならぬことであります。

ところが意味というものは、善くも用いられるが、悪くも用いられる。庸はつね、変わらないということが基準になりますから、一転しますと、そこから当然・当り前という意味が出て来る。凡庸の庸です。もっともこれは初めは善い意味であったのですが、凡はすべてに通ずるということで、道に従った、法則に則った仕事・働きというものは誰にも通ずるものであるというところから、一転して、一向特徴のない、つまらない、平凡、というような悪い意味になって来た。

そこで中庸とはどういうことか。時代だとか、階級だとか、何だとかいうようなものに関係なく、一切に通ずる、すべての人に通ずる、恒に変わらざる進歩向上、とこういうことになるわけでありまして、即ちすべての人が如何に変わらずに、相俟って和やかに、調和を保って、進歩向上してゆくか、その原理を説いておるのがこの『中庸』である。よく中庸と言うと、両極端の真ん中、折中という意味に使うのでありますが、そうではなくて、『大学』・『中庸』という時の中庸は、すべての人間に通ずる、誰しもこれに則って、限り無く進歩向上してゆく永遠の常徳・恒徳という意味であります。

二　本論

序

子程子曰、不偏之謂レ中。不易之謂レ庸。中者、天下之正道。庸者、天下之定理。此篇、乃孔門傳授心法。子思恐二其久而差一也。故筆二之於書一、以授二孟子一。其書始言二一理一、中散為二萬事一、末復合為二一理。放レ之則彌二六合一、巻レ之則退蔵二於密一。其味無窮。皆實學也。善讀者、玩索而有レ得焉、則終身用レ之、有二不レ能レ盡者一矣。

子程子曰く、不偏之を中と謂ひ、不易之を庸と謂ふ。中は、天下の正道にして、庸は、天下の定理なり。此の篇、乃ち孔門伝授の心法にして、子思其の久しうして差《たが》はんことを恐る。故に之を書に筆して、以て孟子に授く。其の書、始め一理を言ひ、中ごろ散じて万事と為り、末《すえ》復《ま》た合して一理と為る。之を放てば則ち六合に彌《みなぎ》り、之を巻けば則ち退いて密に蔵す。其の味無窮にして、皆実学なり。善く読む者、玩索して得る有れば、則ち終身之を用ひて、尽くす能はざるもの有り。

子程子の子は、二字共に敬語で、普通は下につけるだけであるが、ここでは特に尊敬を表す意味で、丁寧に上にもつけたわけであります。

その程子が中庸の意義を説いてこういうふうに言うておる。不偏これを中と言い、不易これを庸と言うと。

中とは天下の正しい道であり、庸とは天下の定まった法則・理法である。この『中庸』の一篇は孔子の門に代々伝え授けて来た心の法則であって、それを孔子の孫の子思が、時を経て誤り違うことを恐れ、書物に記して孟子に授けた。

その書は、始めは根本的・究極的な一理を説き、中ごろはその一理から分化発展して森羅万象になることを明らかにし、最後にはその万象が又一理に帰することを述べておる。これを広げて分散すれば、南北東西上下の六方、即ち宇宙にみなぎり、これを巻いて統一還元すれば、無限の無意識的密蔵に帰してしまう。

われわれの精神機能、意識の働きというものは、内なる心の世界は勿論のこと、外なる現象の世界、宇宙の涯《はて》までも思索し、真理を究めようとする。しかしもともとこれは内なるものの発展でありますから、巻いて統一還元すれば、現象の世界から内実根元の世界、無意識の世界に蔵《おさ》まってしまう。

そもそも人間の意識の世界というものは、限りない自覚発展の世界である、と同時に限り無い無意識的世界の連続である。その無限の無意識層の中から、知覚だの、思惟《しい》だのというものが出て来るわけです。然《しか》もそのすべてが不朽不滅であって、先祖代々から受け継ぎおさまっておる。

物質が不滅であるように、われわれの精神・思惟も亦不滅のものなのです。人間はただそれを忘れるだけのことであって、すべて深層意識の中に退蔵しておるのである。そこに人間精神の神秘がある。これは近代の哲学や心理学・精神医学を待つまでもなく、古来十分に研究され、活用されておることです。

早い話が、もし意識というものが不滅でなければ、思い出すということがない筈である。思い出すということは、意識や経験が不滅だからである。又不滅でなければ、われわれが夢を見るということもないわけである。

夢を見るということは、無意識層の中に退蔵しておるものの散見である。われわれは眠ることによって、外来の刺戟《しげき》や認識が遮断される。そうすると何かの拍子に、今まで退蔵しておった内的経験が出て来る。これが夢です。

そうして醒めれば、外の刺戟のために拡散して、わからなくなる。つまり忘れてしまうわけです。ところがその中の幾部分かがなお記憶に止まる。それが夢の自覚になる。昨夜こんな夢を見たなどというのは、たまたま意識の深層に還り切らないで、いくらか記憶の世界に止まったからである。

シカゴ大学で夢の研究が行われておりますが、今日、心理学者や生理学者の綿密な研究によって、われわれは眠っておると思っても、常に夢を見ておるのである、ということが実証されておる。つまり眠ると言っても、絶えずうとうととして夢を見ておるわけで、本当にぐっすり眠るのは、無意識の持続するのは、先ず普通の健康体で六十分乃至《ないし》七十分を超えることはないということです。

それから又だんだん醒めて来て、うとうとと夢を見る。それを何回か繰り返して、今度は外来の何か刺戟によって本当に目が醒めると、その夢は忘れてしまう。無意識層の中に密に蔵してしまうわけです。そうしてその中の若干が記憶に残って、ああ、夢を見たいという自覚になる。

これがわれわれの睡眠というものでありまして、「人生は夢の如《ごと》し」と言うけれども、如しではない。本当に人生は夢なのです。『荘子』には実に巧みに描写されておりますが、人生そのものが大夢である、ということが確かに言い得る。


そういう意味で、ロンドンに息の研究所があるが、これも大変面白いと思います。われわれは生きると言うが、生きるということは息をしておるということであって、息が止まったら最後、すぐ死んでしまう。ところがその息も夢と同様、絶えず息をしておるけれども、息というものを自覚することが非常に少ない。どれだけ本当に息をしておるかと言うと、多くの人間は正しい意味の息をしておらない。

そもそも息というものは、呼吸と言う如く、吐くことが大事なのです。ところが大抵は、「吸呼」はするが、「呼吸」はやっておらん。大体、肺容量の六分の一くらいしか息をしておらぬそうです。

ということは残りの六分の五は汚れた空気がそのまま沈澱しておるわけである。

だから人間は時々、思い切って肺の中に沈澱しておる古い息を全部吐き出して、新しい空気と入れ換えねばならん。

沢んや朝起きた時などは、先ず以て戸を開けたら、思い切って夜の間に停滞しておる汚れた空気を吐き出して、新鮮な空気を吸うのです。それが呼吸、別の言葉で「吐納《とのう》」というものである。吐いてみるとわかりますが、自分でもびっくりするくらいあるものです。それだけ汚い空気が宿っておる、停滞しておる。

いつか宿の字に関連して、「二宿」ということを申し上げたことがあります。一つは宿便、一つは宿慝（しゅくとく、知らず識らずの間に犯した罪・汚れ）。人間はこの二宿で死ぬとまで言われるくらいである。ですから呼吸・吐納、二宿の掃除は心身健康のために是非やらねばならぬ、又何人にもできる、一つの基本問題であります。

そこで、「其の味無窮にして……」、その味わいたるや窮まりなく、みな実際の用をなす学問である。善く読む者、いろいろ考えて真実を求めて得るところあれば、生涯用いて尽くすことの出来ないものがある。誠にこの通りでありまして、われわれの中にはあらゆる意味に於て、神秘的な精神の機能、徳、力を持っておる。みなそれを知らないけれども、若しその原理をよく知って、実行したならば、終身無窮無尽の利益がある。

中とはそういうもの、庸とはそういうものです。中は限り無き進歩向上であり、庸は不断の努力・調和である。だから中庸とは、われわれの生活、生理・心理・情意の永遠の発展を意味する。そこに中庸の尊い理法があるわけでありまして、玩味すると、本当に限り無い妙味があります。

本文

天命之謂レ性、率レ性之謂レ道、修レ道之謂レ教。

天命之を性と謂ひ、性に率《したが》ふ之を道と謂ひ、道を修むる之を教と謂ふ。

恐らく『中庸』を読んだことのある者なら、誰もが知っておる名高い文章でありま す。天命の命は造化《ぞうか》の絶対的作用を言う。天地自然の一つの特徴は、無限の創造・変化である。約してこれを造化と言う。

その造化を一番象徴するものは、何と言っても天ですね。天は限りがない。地の有限であるのに対して天は無限である。と同時に地は固定的であるが、天は変化極まりない。そこで天地自然、天地人間の創造変化を象徴して天と言う。天地自然、造化の作用・働きというものは、人間が好むと好まざるとにかかわらず、絶対のものである、必然のものである。その必然性、絶対性を命という語で表すわけであります。

例えば生命というものがある。地球ができてから何十億年か経って、無機物の世界から有機物の世界が現れ、生命の世界が発達して、やがて精神・意識の世界が出て来るわけでありますが、これは好むと好まざるとにかかわらない、欲すると欲せざるとにかかわらない、必然のものであり、絶対のものである。丁度人間で言うならば、子供にとって親の言いつけが絶対であるのと同じことであります。

だから命は、いのちであると同時に、言いつけ、命令という文字でもある。

命名の意味

そうして創造されて、ここに万物が現れて来るのでありますが、それぞれ区別するために名というものがつけられる。つまり命名であります。命名という語は普遍的な用語で、みな何気なく使っておりますが、しかし果たしてその中の幾人が、命名という語の本当の意味を知っておるか、又本当に用いておるかというと、実にあやしいものであります。

初めて出来たから太郎と命名したとか、もうこの辺で止めにしたいから、末の娘はとめ子とつけた、というようなことをよく言うのでありますが、そんなものは命名ではなくて、附名というものである。ただ名前をつけたというに過ぎない。子供に名をつけるということは、子供に対して、かくなければならぬ、かくあれかし、という絶対的な意味を持たせて初めて命名であります。

又子供もそうであります。親はまだ子供に対して命名らしい命名をするのですけれども、命名されたその子供が自分の名前の真の意義を知らない、というのが案外多い。親が教えないということもあろうが、せめて自分の名前がどういう意味かくらいは知っておって欲しいものです。これは自分というものを本当に認識していない、把握していない証拠である。

例えば、世間によくある名前に精一というのがありますが、これなど『書経』の有名な「惟れ精惟れ一、允《まこと》に厥《そ》の中を執れ」という言葉から出ておるのですけれども、皆案外知らない。精は今日の言葉で言えば、purify「純化する」こと、一はsimplify「単純化する」ことである。つまりいろいろの矛盾や相対・相剋《そうこく》を去って、新しく創造してゆく、というのが精一であって、精と一が相俟って初めて進歩向上があるわけです。

【解説】「惟れ精惟れ一、允に厥の中を執れ」は、「人心惟《こ》れ危うく、道心惟《こ》れ微なり」

に続くことば。全体の大意は、欲にくらみがちな人心にしたがうことは危うい。また道義の心は、その欲心のためにおおい隠されがちのものであるから、微《かす》かにして見がたい。だから、人心については危うきに陥らないように、道心についてはこれを明らかにするよう専心して事に当たらなければならない。そこで、人としては精《くわ》しくこれを察し、専一に雑念を去って、天から授かった中庸の道をとることにつとめなければならない。

この精一を説明するのに、よく漢文の先生がふざけて、こういう笑話を致します。精と一とは人格と品行のようなもので、身体で言えば、精はへそから上に当り、へその上下を統一するのが一である。よく世間には、人格は修養して精、誠に立派であるが、案外に行儀の悪い、特に男女関係にだらしのない人がおる。そういうのは精なれども、未だ一ならざるものであるというわけです。

これは極めて通俗な解説でありますが、実にうまく精一の意味を言い表しておる。どうも名前は精一で結構であるが、世の中には精二やら精三が多くて困ります。そんなことを言うと、精二や精三は立つ瀬がないが、それはそれで又意味があるわけですから、別段気にかけることはありません。

道とは何か

話が横道に外れましたが、兎《と》に角《かく》天命が、造化の絶対的な作用・働きが、人間を通じて発すると、性というものになる。性は生でもよいのですが、高等動物、特に人間となると、心理・精神が発達して来ておるから、忄編をつける。これは人間の本質です。その性に率《したが》って、実践し開発してゆくのが道というものである。

何故道と言うか。人間は道に率わなければ、進むことができない、到達することもできない。だから何事によらず道をつけなければならん。

そのことを最もよく表しておるのが、「田」という文字です。古代人が未開発の荒野の一区劃《くかく》＝口をとって耕作をする時に、先ず造らなければならなかったものは道である。田の中の十はその道を表しておる。又道をつくるために努力をするという意味でもある。

そしてこの道を造ったために、古代人は荒野の中で狩りをすることができるようになった。そこで田は「た」であると同時に、「狩り」という字でもある。ついでに言えば、広い意味に於て道をつけることの出来ないような、その努力の出来ないような者は、男じゃないということになるわけです。

従って道というものは、観念的・唯理的なものではなくて、実践的なものである。創造的なものである。兎角道などと言うと、何か人間の観念的な思惟・思索の産物のように思うが、決してそうではない。人間・自然を通ずる絶対的な働きが天命、これがわれわれの本性であって、この本性に率《したが》って、天分の能力に従って、実践してゆくのが道である。


昔から道の実践性を悟らせるために、いろいろ工夫されて来ましたが、中でも日本人やシナ人の一番よく知っておるのは、禅の公案でありましょう。

或る雲水が馬祖に、〝如何なるかこれ道〟と訊いたら、馬祖が、〝道か、道ならそれそこの牆外底《しょうがいてい》、垣の外にあるじゃろ、あれが道じゃ〃。

雲水はむっとして、〃私の尋ねておるのはそんな道ではありません、大道です〃。そうすると馬祖は言下に言った、〃大道長安に通ずる〃、大道なら都の長安に通じておると。今なら国道一号線といったようなものであります。

これは参禅した者なら大抵知っておる公案でありますが、人間は生《な》まじい学問や思索をすると、この雲水のように観念や論理に堕して、実践から遊離するものであります。実践から遊離した道などというものはない。だからそれだけに絶えず開発してゆかなければならん。放って置くと、すぐ草茫々《ぼうぼう》になって、荒れ果ててわからなくなってしまいます。

そこで、「道を修むる之を教と謂ふ」、どうしても教というものが要る。教という字は、単に口でおしえるばかりでなく、実践を伴う。即ちお手本になる、人のならいのっとるところとなるという意味である。だから「教は效《こう》なり」という注釈があるわけです。

教育とは、教師が生徒のお手本になって、生徒を実践に導いてゆくことであって、ただ言葉や文句で教えることではない。言葉で教えるのは、訓とか、誡とかいうものであります。

「独」の思想

道也者不ㇾ可㆓須臾離㆒也。可ㇾ離非ㇾ道也。是故君子戒㆓慎乎其所㆒ㇾ不ㇾ睹。恐㆓懼乎其所㆒ㇾ不ㇾ聞。莫ㇾ見㆓乎隠㆒莫ㇾ顕㆓乎微㆒。故君子慎㆓其獨㆒也。

道は須臾《しゅゆ》も離るべかざるなり。離るべきは道に非ざるなり。是の故に君子は其の睹《み》ざる所を戒慎《かいしん》し、其の聞かざる所を恐懼《きょうく》す。隠なるより見なるは莫《な》く（隠るるより見はるるは莫く）、微なるより顕なるは莫し（微かなるより顕《あきら》かなるは莫し）。故に君子は其の独を慎むなり。

われわれの性は天命、即ち造化自体の必然によって与えられたものであり、その性に率《したが》うの道というものであるから、道は人間が須臾も離れることのできないものである。離れるようなものは道ではない。そこで君子と言われるような人は、見ないところに於ても戒め慎しみ、人の聞かないところにおいてもおそれかしこむ。凡《およ》そ不善というものは、どんなに隠れておっても必ず現れて来るものであり、又どんなに微細なことであってもいつか明らかになるものである。だから君子は其の独を慎しんで、須臾も道から離れまいとするのである。

「独」という思想は、東洋の思想・学問・信仰・芸術のすべてを通じて離るべからざる、最も基本的本質的な創造概念とでも言うか、大事なものであります。独は普通、他に対するひとり、数多《あまた》に対する孤、という意味に使うのでありますが、そうでなくて、本来は絶対という意味であります。人前だとか、手段だとかいうような相対的な自己ではなくて、絶対的な自己を独と言うのであります。

だから「独立」とは、何ものにも依存しないで、自己自身で立つという権威のある言葉です。国家・民族が独立するということは、他国に依存し左右されないで、その国家・民族自体に於て存立することである。「中立」の本義も単に、いずれにも加担しないで、中間に立つことでなく、信ずるところは絶対で、一時政策的方便で相対するものの孰《いず》れにもくみせぬことである。独立も、相対的な矛盾・相剋から離れて孤立することではなくて、そういうものから影響を受けることなく超越して、もう一段上に出て、創造的進歩をすることである。ところが大抵はこれを間違って、孤独の意味に使う。

従って又、地位だの、名誉だの、物質だの、利害だのといった打算的なものによらずに、自己の絶対的なものを持つ、これを「抱独《ほうどく》」と言う。そしてそれを認識するのが「見独」であります。自己の存在の絶対性に徹して、初めて真に他を知ることが出来る、他との関係が成り立つ。根本に於て独がなければ、われわれの存在は極めて曖昧で不安定であります。

だから君子はそれをよく認識し、徹見して、大切にするのである。「慎独」は中庸に伴う大事な要素であって、これあるによって、本当の進歩向上ができる、所謂中。中があり得るわけであります。

古典の効用

わずかな間に時局はますます変化の度を強めて来ておりますことは、みなさんが日々見聞しておられる通りでありますが、この変化は今後一層複雑で厄介なことになってゆくだろうと思います。たびたび申しますように、シンギュラーポイントとか、ハーフライフとか、いうことが痛切に感ぜられるばかりでなく、それが一々実証されてゆく。この正月、「壬子《じんし》」の干支の教うる意義について説明しておきましたが、確かに干支の通りであります。

こういう時局に一番大事なことは、何と言っても見識・信念を持つことでありまして、見識・信念がないと、眼前の現象にとらえられて、どうしても困惑し勝ちであります。

それではどうして見識や信念を養うかと言うと、やはり学ぶ外はない。何に学ぶかと言えば、結局歴史——歴史は人間が実践して来た経験的事実ですから——と歴史を通ずる先覚者達の教訓に学ぶことが最も確かであります。

その意味に於て古典は本当に大きな意義がある。中国問題を考えてみましても、或いはソ連の問題、ベトナムの問題、アメリカの問題等々を考えてみましても、歴史と先賢の教の中にことごとく回答が記されておる、と申して決して過言ではないと思います。

極言すれば、四書五経と申しますけれども、四書を読むだけで結構であります。『大学』・『中庸』・『論語』・『孟子』を取り出して、この問題はあそこにこう書いてあったというふうに調べてみると、実に如実に適切な答案が書いてある。せめて四書だけでも本当に読破すれば、現代の厄介なほとんどの問題に対する、その解決の根本原理が見事に解説されておるのでありまして、今更のように世界の古典の権威というものがよく味わわれるわけであります。

しかし、如何に権威のある古典でも、自分にこなす力がなければ、単なる一片の古典に過ぎません。古典が本当の意義・価値を発揮するには、やはりこちらにそれだけの真剣な体験や思索が要る。と言っても所謂《いわゆる》好事家のように広く渉猟《しょうりょう》する必要はありません。

勿論それでも結構ですけれども、それよりも四書なら四書を読破する方が、どれだけ効用があるかわからない。『易』の教えなど殊にそうでありまして、あの循環する六十四卦を学ぶだけでも、この時局を考察することができる。人間のやっておることはほとんど昔と変わったことはないと言うことが出来ます。

マンスホルトの警告

最近の世界の痛切な問題を一つ取り上げてみましょう。今、一番衝撃を与えておりますのはECですね。そのECの委員長でありますマンスホルトが副委員長の時に——と言うても今年の春のことですが——委員長に書簡でヨーロッパ共同体の明日に関して真剣な警告と提案を行い、それがECの諮問機関である政治経済評議会に発表されて、ヨーロッパを始め、アメリカの識者に大きな衝撃を与えております。

これは今までのような経済政策、つまり科学技術工業の発展と、それに伴ういろいろの事業の推進によって、単にＧＮＰの増加を図る、というようなことをやっておったのではヨーロッパは亡びる。今後はＧＮＰではなくてＧＮＨ（グロス・ナショナル・ハッピネス）、国民総幸福でやってゆかねばならぬ、ということを強調しておるわけであります。

先ず問題は人口の増加である。専門家によると、今世紀末には恐らく世界の人口は現在の三六億から倍の七〇億にまで達するであろうと言われている。しかも文明諸国の人口は足踏み、若しくは漸減するのに対して、未開発諸国は激増して来ておる。

そのため第一に、この人口の増加に対して食糧生産がついてゆけなくなり、次第に窮迫を告げてゆく。と同時に工業は拡大し、拡大することによって、人間の奢侈・享楽・遊惰がいよいよ酷くなり、更に工業が拡大するということになって、そのために環境の汚染がますます激しくなると共に、一方では資源の枯渇を来たすであろう。

従ってもう今までのように、ただ生活を豊かにすればよい、というような政策は許されない。奢侈・贅沢・レジャーというような方にばかり走っておったら、ヨーロッパ民族は没落する。われわれは歴史の教える通り、勤倹力行に立ち返らなければならん。そうして生産の問題を始め、社会福祉政策、租税政策といったものを大きく転換しなければならん、とまあ、こういう厳しい提言であります。

何のことはない、つまるところは耐乏生活をせよということであります。昔の言葉で言うならば、質実剛健・勤倹力行をやる以外に、ヨーロッパ民族・ヨーロッパ文明を救う道はないということです。これに対して共産党あたりは、〝これはヨーロッパを逆に退歩させようとするものだ〟と言って盛んに攻撃しておるのですけれども、しかしこれは厳たる事実であります。

本を読まなくなった日本の子供達

早い話が今日の日本がそうです。マンスホルト委員長の論議し提案しておることの、丁度逆にうごめいておる状態でありまして、特に甚だしいのは教育です。

日本の青少年子弟の現状は真に憂うべきものがある。この間も専門家が、学校の教科書以外にどういう本をどれだけ読んでおるか、ということを小・中・高の生徒を対象に、併せて父兄・教師の勉強状況を調査しましたところが、父兄・教師もさることながら、肝腎の子供達が甚だしく読まなくなっておるということがわかりました。

しかも小学生よりも中学生、中学生よりも高校生というように、むしろ上にゆくほど読まなくなっている。もう学校に通うのが精一杯で、本当に教養のための読書、人間をつくるための読書、というようなものは殆んどやっておらない。

例えば、読書というものをどう思うかという質問に対しても、凡《およ》そ無関心というか、否定的な答ばかりで、親や先生が奨めてくれる本をどう思うかということについても、殆んど興味を示しておらない。中には、一か月に何時間くらい勉強するかというのに対して、三時間か四時間という酷いのもおる。如何に日本の青少年が本を読んでおらぬか、又読む興味を失っておるか、ということがまざまざと出ておるのです。

これは日本の明日にとって本当に恐るべき問題でありますが、世間の人が余り喜ばぬために、大きく取り上げられない。しかしさすがにヨーロッパあたりは日本と違って、青少年の教育に対してはまだ関心が強い。だからそのためにも、知識階級・指導階級がもっと読書をし、修養しなければならぬというところから、たとえばパリの経済団体で実業家の教養の調査をしたことがあります。

それによると、目覚めた人々に共通しておることでもありますが、彼等は日常暇をつくっては、ギリシャやローマあたりの古典、或いはフランス・イギリス等のモラリストの著書といったものを心掛けて読んでおるということです。ところが日本ではそういうものが余り振わない。

そういうことを注意しておりますと、どうも日本はいろいろの点に於てヨーロッパよりも自覚が足りない。前車の覆轍《ふくてつ》をくり返すと言いますか、ヨーロッパが懲りて、自覚し警戒しておるところへ、日本がむしろ陥りつつある、というような感じが致します。

英国と日本

かつて私は『師と友』の巻頭に、「英国と日本」と題して次のような一文を出したことがあります。

旅行というものが我々の生活の単調と退屈を癒してくれるように、私は自分の専門的学問の陥り易い弊害を除く為にも、感興を唆《そそ》られる多方面に思想学問的旅行を試みることが好きである。

そんなことはさしおいて、私は戦後の英国文壇で、G・オーウェルの作品を好んで読んだことがある。そして彼が英国や英国人を語る時、よくわが日本を反省させられた。彼曰く、

「最近数十年に於けるイギリス生活の支配的な事実の一つは、支配階級の能力の低下ということである。特に一九二〇年から四〇年にかけては、それが化学反応のよ

うな速さで起こりつつあった。何故か支配階級は堕落した。能力を、勇敢さを、遂には強情さまで失って、外見だけで根性の無い人物が立派な才幹を持った人物として立てるようになった。

――けれども一九三〇年代から起こった帝国主義の一般的衰頽《すいたい》、又ある程度までイギリス人の士気そのものも衰頽したことは、帝国の沈滞が生んだ副産物の左翼インテリ層の所為《しょい》であった。

現在忘れてならないのは、何らかの意味で左翼でないインテリは居ないということである。彼等の精神構造は各種の週刊月刊の雑誌を見ればよくわかる。それらのすぐ目につく特徴は一貫して否定的な、文句ばかり並べて、建設的な示唆が全く無いことである。料理はパリから、思想はモスクワからの輸入である。彼等は考え方を異にする一種の島をなしている。インテリが自分の国籍を恥じているという国は大国の中ではイギリスだけかも知れない。国旗を冷笑し、勇敢を野蛮視する、こんな滑稽な習慣が永続できないことは言うまでもない」

等々各方面にわたって公平辛辣に観察しながら、「最後はイギリスがそれとわからぬくらいに変わっても、やはりイギリスはイギリスとして残るであろう」と論じている。(England Your England)
日本をまざまざと反省せしめる日本解脱の一公案である。

専門的愚昧

本筋にはいる前に何故「旅行というものが……」というようなことを書き添えたか、ということを一言説明して置きます。

そもそもわれわれが専門家になるということは、確かに一つの進歩であり、結構なことである。けれども同時にそれは非常に警戒を要することである。つまり子供というものは元来分解されない一つの全《まった》き存在であって、純真で、しかも素朴そのものであるが、それが学校へ行って専門課程を修め、外へ出て職人になる。これは一面に於て当然の成長であると同時に、一面に於て一つの副作用を伴う。

『中庸』の「中」が、相対的矛盾を統一して、一段高いところへ進めるという発展的意味と同時に、中毒の中、「あたる」という意味がある、と説明しておきましたが、丁度それと同じことであります。われわれが特殊人・専門家・職業人等になるということは、一面に於て確かに進歩であるが、半面に於て弊害を伴うものである。それだけ片寄るようになるわけです。

これは本当に注意を要することでありまして、往々にして専門家が馬鹿になるというのはそれであります。専門的愚昧《ぐまい》という言葉があるが、専門のみをやっていると、人間は単調になり、機械的になって、尊い生命の弾力性・創造性というものを失ってしまう。

よく世間にはおりますね、学者としては実に勝れた立派な人なのだけれども、どうも人間が少しおかしいというのが……。

例えば、所謂国学者というような人に会ってみても、なるほど専門の国学については博識だが、どうも一種の臭みと言うか、嫌味と言うか、何となくあきたらないものを感じる人が多い。

英文学者に会ってみると、なるほど英文学には通じておる。けれどもなんだか民族としては肌合いの違う、俗に言うきざな、気骨・骨力のないのが多い。漢学者に会ってみると、こちらは確かに気骨はあるけれども、どことなくぎくしゃくとして骨張って、弾力性とか、包容力、或いは新鮮味、といったものがなくなって、仁義道徳の乾物《かんぶつ》（ひもの）のような感じの人が多い。

われわれの高等学校時代にも、「法科の頭を叩いてみれば、権利権利の音がする。理科の頭を叩いてみれば、サイン・コサインの音がする」というような歌がはやったものでありますが、専門の書物ばかり読んで専門の人達とだけ附き合っておると、次第に人間が片寄るようになって来る。

みなさんもそうでありまして、毎朝一定の時間に起きて、一定のコースを辿り、一定の職場に着いて、決まり切った人達での中、決まり切った仕事をして、又一定の時間に、一定のコースで、家に帰って、一定の顔を見合わせて、それで寝てしまう、というような生活を送っていたら、それこそ型にはまった人間になって、創造性とか弾力性とか、情熱とか叡智とかというようなものがだんだん無くなってしまう。

そこで職業人・専門家になるほど、一面に於て人間的教養を豊かにすることを心掛けなければいけない。それにはやはり、全人的な教養を豊かに含む聖賢の書とか、古典とか、歴史哲学の書物とかいうようなものに親しむことが一番です。

そうしないと、事業家も、政治家も、教育者も、サラリーマンも、それぞれがそれぞれの弱点・短所に偏《かたよ》ってしまって、職業的・専門的生活のみならず、人間そのものが駄目になる。「旅行云云」の前書きはそのことを意味するのであります。

英国のことを笑ってはおられない日本の現状

そういうことで戦後、私はジョージ・オーウェルの作品を好んで読んだわけですが、今、引用しましたのは『イングランド・ユアー・イングランド』という作品の一節でありまして、これは自国のイギリス人に自分達の国イギリスを実に辛辣《しんらつ》に解剖して、警告しておる論文であります。

不幸にしてオーウェルは、確か四十九歳であったと思いますが、若くして亡くなりました。もう少し長生きしておれば、恐らく世界の思想界・評論界・文学界に大きな存在となったと思います。

この人は初め、ビルマなどの植民地の警察官をやっておりましたが、その後いろいろ人生を煩悶《はんもん》して国に帰った。そうして労働階級に眼を向けて、社会主義の研究に没頭しておるうちに、だんだんあきたらなくなって、あのスペインの戦争に勇敢に従軍した。そこで重傷を負って、それが原因で若死したわけであります。

オーウェルのもので特に面白いのは、アニマル・ファーム『動物農場』と言って、スターリンのソ連の政治を実にユーモラスに揶揄《やゆ》した作品であります。何分スターリンの華やかなりし頃でありますから、最初は英国の出版界も遠慮して、これを出版する者がなかったと言われている。その後『一九八四年』という本が出ました。これは一九八四年の文明世界を考えて書いた大変面白い本でありまして、今日読んでも、示唆されるところが多い。

で、引用文を読んで、先ず日本と思い合わされることは、支配階級の能力の低下ということであります。そして「何故か支配階級は堕落した。能力を、勇敢さを、遂には強情さまで失って、外見だけで根性の無い人物が立派な才幹を持った人物として立てるようになった」と言う。日本もそうですね。戦後の日本の支配階級の頽廃・堕落は実に目に余るものがある。然も人間には好い意味の強情さがなければならぬのに、それさえも失ってしまっている。

けれどもイギリス人の士気そのものが衰頽したのは、「帝国の沈滞が生んだ副産物の左翼インテリ層の所為であった」と言うのです。なかなか言えないことばをずばりと言っております。今、左翼インテリが日本を風靡《ふうび》しておるわけですが、日本においても確かにそのことが言えると思います。

彼はそういうインテリが自分の国籍を恥じ、国旗を冷笑し、勇気を野蛮視するのは、大国の中ではイギリスだけかもしれないと言っておるのですけれども、日本はもっとひどいですね。

しかし、そういう風に彼は各方面に亘《わた》って公平辛辣に観察しながらも、最後はイギリスがそれとわからぬくらいに変わっても、やはりイギリスはイギリスとして残るであろうと論じておる。まるで外国のこととは言えない。国家・民族にとって精神的頽廃・堕落くらい恐いものはありません。

そこへ持って来て、政治がご覧のような有様であります。昔は政治も、経済も、教育も、思想も、学問も、それぞれ独自の分野があって、従ってみな独立性を持っておった。ところがこの頃は相互に離るべからざる連環性が出来て、特に政治の比重が重くなって、政治を離れては何物も考えられなくなって来ておるにもかかわらず、その政治が困ったことに非常に堕落して来ておるわけであります。

かつてケネディ大統領が前大戦とウイルソンのことを研究して、『何故イギリスは眠ったか』という名著を書いておりますが、その中で彼は、「全体主義制度――例えばソ連や中共のような国家―と競争するに当って民主主義の弱点は大きい。民主主義は合理的な存在としての人間に対する敬意に基づいているが故に……」と言うておりますが、その民主主義制度の一番の弱点を今日のアメリカが、又日本が、暴露しているわけであります。

これをどういうふうにして救済してゆくか。名医が患者を治療するように何とかしなければ、それこそ日本はハーフライフが進み、加速度で混乱し、堕落して、どの程度か不幸な危険な状態の実現することは免れることが出来ないと思います。

そういうことをしみじみ感じ考えつつ、こういう古典を読みますと、本当に人間の栄枯盛衰・興亡の真理のエキスを嘗める感じが致します。

「中」と「和」

喜怒哀樂之未㆑發謂㆓之中㆒、發而皆中㆑節謂㆓之和㆒。中也者天下之大本也、和也者天下之達道也、致㆓中和㆒、天地位焉萬物育焉。

喜怒哀楽の未《いま》だ発せざる之《こ》れを中《ちゅう》と謂《い》ひ、発して皆節《みなせつ》に中《あた》る之れを和と謂ふ。中《ちゅう》は天下の大本《たいほん》なり、和は天下の達道《たつどう》なり。中和《ちゅうわ》を致して、天地位《くらい》し万物育《いく》す。

人間の意識が進むにつれて、喜怒哀楽の感情が発達するわけでありますが、その感情の未だ発しない時、即ち一種の「独」の状態、これを別の言葉で「中」と言う。中が発してみな節に中《あた》る、これが「和」というものである。

未発の中とは the whole「全きもの」ということです。これが発するということは、根から幹が出て、枝葉が伸び、花が咲き、実が成る、というのと同じことでありまして、全体的・含蓄的・全一的なもの、即ち独というものが、天の創造の作用によっていろいろに発展してゆく。つまり創造・造化の働きが起こる。発して種々の作用になるわけです。

従ってその作用はそれぞれ全き存在・無限なるものの一部分である。これが「節」です。

「節」は、創造的なるものの、一つの連続的なるものの一部分であります。音楽は音節から成り立っておる。竹はいくつかの節が連なり伸びたものである。そういう創造の作用、造化の働きの基本的なものが節でありますから、従って節は、連続に対して言うならば、一つの締めくくりである。
われわれの意識を「気」という文字で表しますが、意識にもやっぱり意識の基本的なものがあるわけで、われわれはそれを「気節」と呼んでいる。その気節を失わないのが「節操」であります。音楽で言うならば、基本的な部分の音節が発して、即ち音律となって、曲にあたるわけである。これを「和」と言うのであります。

「中は天下の大本なり、和は天下の達道なり」。

【解説】「中」は過不及なく偏《かたよ》りのない中正の状態、「和」は雑多なものを包摂する調和均整の状態。この両者を大きく広げると、天地宇宙の存在と運行の正しい状態に連なる。

われわれの生命で言いますと、生命全体の働きが中、その生命が発達して来るにつれて、四肢五体が出来上がる。一つの細胞であったものがだんだん複雑に発達して、そこから手足が出来、他のいろいろの部分が出来て、しかもそれぞれはみなどこかで統一されて、一個の身体が形づくられる。つまり身体は結節から成り立っておるわけで、結節の大きな「和」が人身というものである。

従って「中」と「和」は、大きく広げると、天下の格法となる。われわれの身体も格法であります。生命はみな無限の節を持っており、同時に大きな和の活動をしておるのである。例えばわれわれの身体には脊椎《せきつい》というものがあります。そこから血管だの、神経だの、淋巴《リンパ》腺だのというようなものが方々へ分派しておるのでありまして、脊椎はその大事な結節をなしておるわけです。

この間も鼻血の止まらない患者がおりまして、早速入院して、注射をしたり、いろいろ手当を加えたが、一向止まらない。ところがたまたまそこへ脊椎の大家が見舞に参りまして、〝そんなことはわけない〟と言って何椎目かの背骨をぎゅうっと押したら、今まで大騒ぎをしておったのが不思議なくらい一っぺんに止まってしまった。

そうかと思うと、足の指をみてその人の健康状態や疾病を診断する大家もおります。そうして足の指を矯正することによって、相当の疾病が治療出来る。人間の身体というものは実に微妙なものであります。如何に節から出来ておる大きな中和であるか、ということがよくわかる。

その「中和を致す」へ、だんだん完成してゆくところに、天地というものがあり、生育というものがあると言う。

以上が『中庸』の首章でありますが、これだけでも実に驚くべき真理がその中に含蓄されておる。若《も》しこれを敷衍《ふえん》し解説すれば、大きな理論大系が出来上がるでありましょう。そこに勝れた古典の無限の価値があるわけであります。

雑書雑読は役に立たぬ

こういう時局になって参りますと、所謂雑識では役に立ちません。やはり「腹中・書有り」というような、自分の腹の中に哲学や信念がないと、到底解決・善処が出来ません。

この頃はいろいろの国際会議が開かれ、国家と国家との会議といったものも多くなりましたが、こういう国際的な会議など特にそうであります。

外国のその道の専門家がひそかに、日本の政治家や、全権とか使節とかになって国際的な会議に出席する人々を評して、日本人は議場等に於ける事務的な話は達者に出来るが、どうも会話が大変拙《つたな》いと言うております。つまり日本人は、お互いに親しく語り合って、最も本当のことが言え、又最も理解し合うのに有効な、所謂ロビーとか、或いは食卓を囲んでお茶や食事を一緒にするとか、というような俗に言う上下《かみしも》を脱いだ自由な席に出ると、まるで人が変わったように話が出来ないと言うのです。

これは要するに自分自身に、哲学とか、信念とか、人間的教養といったものがないからであります。

その点、さすがにヨーロッパやアメリカの人達は違う。今、時代の一番の花形のように活躍しておる代表の一人は、何と言ってもアメリカのキッシンジャーでありましょう。この人などその一例でありまして、この間もプレス・クラブでキッシンジャーの話が出ておりましたが、彼に関しては何のかのと批判はあります。人相もあまり好ましくないが、兎にも角にもナポレオン時代の名高いメッテルニッヒの研究で学位を取った人物でありまして、従ってヨーロッパの近代史、特に外交史には精通しております。

又根がそういう学究でありますから、アラブやイスラエルの問題にしても、中国やベトナムの問題にしても、なかなかよく勉強しておりまして、それらの国の歴史から始まって、人物の事績というようなことまで相当くわしく知っておるということであります。そのために大変会話が巧みであるのみならず、第一に内容がある。

ああいう人を向こうに廻して、自由に談笑しながら、きびきびと応酬してゆく芸当は一寸日本人では出来ない。そういうところに日本の大きなマイナスがあるのではないか、とこういうことを言うておりました。

日常われわれの間でもそうですね、話し合いという言葉がありますように、お互いに親しく話し合っておる間に難しい問題も案外簡単にかたづくものです。理屈や予定の筋書というようなものでは微妙な問題は解決出来ません。そうなると、普段の教養が物を言うわけでありまして、やはり権威のある書というようなものが自分の中に本当にこなれておらなければならない。これは俄《にわ》か仕立は利《き》きません。

六中観

私の『百朝集』の中にも入れてあり、又すでに皆さんにもたびたび引用致しましたので、ご記憶の方も多いと存じますが、私は時々「六中観」ということを申します。

先ず、

「忙中・閑有り」、忙しい中に閑がある。

閑は自ら見つけ出してゆくものです。

「苦中・楽有り」、苦しい中に楽しみがある。

本当の楽というものは、楽の中にあるのではなくて、苦の中にある。苦中の楽、これが真の楽というものです。

いつか『師と友』に書いたことがありますが、昔から煎茶《せんちゃ》は三煎と言って、煎茶というものは三度湯を改めて味わうものとされております。第一煎で、良い茶によく湯加減をして注ぐと、葉の中に含まれている甘味が出て来る。先ずこの甘味を味わうわけです。第二煎ではタンニンの苦味、そうして最後にカフェインの渋味を味わう。

しかし甘苦渋の三味は決して別のものではない。三味が一つに融け合っていて、甘味の中に苦味・渋味、苦味・渋味の中に甘味がある。甘味が苦味・渋味にならぬと、本当の甘味ではない。そのことを茶道のベテランは皆知っておる。

ところが最近端《はし》なくもこれが化学的に解明されまして、その真実であることが実証されました。即ちタンニンの中にカテキンというものが含まっておりまして、それがとても甘い。あの苦いタンニンの中にどうしてこんな甘味があるのか、と思われるくらいの甘味が含まっておることがわかりました。つまり、甘味がそのまま苦味になっておるわけです。

人間も甘いうちは駄目で、少し苦味が出て来ないと本物ではない。言葉でも、本当の為になる言葉は多く苦言であります。「苦言は人のためになる」と言いますが、実際その通りでありまして、甘言を愛するようではまだまだ出来ておらぬ証拠であります。

まあ、そういうことで化学的に言うても、甘苦は一つでありますから、楽も甘い楽ではなくて、苦中の楽にならなければいけない。文字通り苦楽を味わう、又共にするという風にならなければいけない。真理はどの点から観じても、帰着するところは一つであります。

同様に、

「死中・活有り」、死の中に活きるということがある。うかうかと生きるのは本当に活きるのではない。死を観念する中に本当の生がある。死を通じて活を知り、活の中に死を見る。これが人生の本当の生き方でなければなりません。

「壺中《こちゅう》・天有り」、つぼの中に一つの世界がある。別天地がある。

昔、或る町の役人が、――今日で言えばさしずめ市役所の職員といったところでしょう――夕方仕事を了《お》えてぼんやり通りを眺めておったところが、前方の城壁に沿うて露店が並んでおりまして、中に一人の薬売りの老人がおる。見るともなしに見ておると、やがてその老人は店をたたみ、後の壁に掛けてあったつぼの中にすうっと消えてしまった。

ああ、これが仙人というものだなあというので、翌日、店をしまう頃を見計らって老人のところへ出かけて行き、〝実は昨日窓からみておったが、あなたは仙人だろう。是非私も一緒につぼの中へ連れていってはくれまいか〟と言って頼んだ。

すると老人は、〃見られたのなら仕方がない、よしっ、連れて入ってやろう〃と言ったかと思うと、気がついた時にはもうつぼの中に入っていた。そこは山水秀麗の別天地で、立派な建物が立っていて、役人は非常な歓待を受けて、又俗世間に還《かえ》されたというのであります。

この話から「壺中の天」という故事が生まれておる。これは言い換えれば、楽しみというものは、この現実の生活、この人生の中に発見されるものであって、決して別の世界にあるのではないということであります。

「意中・人有り」、心の中に人がある。

俗世間では意中の人と言うと、恋人のことに決めておるのですが、それは一例であって、別に恋人に限らない。もっと広い意味に於て意中に人の用意があることです。

われわれが日常生活を営む上においてもそうです。やれ、歯を悪くした、目を悪くしたというような場合、病気に罹ってからあわてて医者を探すようではいかん。

歯ならあの歯医者、目ならこの眼医者、という風に咄嗟《とっさ》の必要に応じられるように普段から意中にその人を持っておると、どれだけ人生に役立つかわかりません。

大きな例を申しますと、一国の宰相たらんとするほどのものは、平生からちゃんと、自派の中だけでなく、いざという時にはどうしても他派の協力が必要ですから、あのポストには何派の人物、という風に意中に人を持っていなければならない。組閣に苦しむようでは、立派な政府は出来ません。

しかしそういう宰相など滅多におらない。大抵はもう人事に苦労して、結局は時の勢で思うような組閣が出来なくなってしまうというのが常であります。

意中に人を持つということは難しい。けれども、これは大なり小なりわれわれにとって大変大切なことであります。

「腹中・書有り」、腹中に書を持っておる。

先程も申しましたように、自分に哲学・信念を持っておるということです。しかし多くを読む必要はない。雑書を雑読しても、割合に役に立たぬものです。よく腹中万巻の書などと言いますが、万巻でなくても、『中庸』なら『中庸』一巻でよい、本当にわがものにするということが大事であります。
特に『中庸』は、儒書と申しましても、儒教ばかりでなく、老荘思想も含まっておりまして、皆さんにとっても本当に勉強のし甲斐のある古典であります。

君子の中庸

仲尼曰、君子中庸、小人反ニ中庸一。

仲尼曰《ちゅうじ》はく、君子は中庸、小人は中庸に反《はん》すと。

○中とはあらゆる矛盾を総合・統一して、絶えざる進化を遂げてゆくことです。庸もなかなか意義深い文字でありまして、前回にもお話しました通り、普通は凡庸の庸——つまらぬという意味につかい勝ちでありますが、本来は決してそういう意味ではない。

庸は庚（こう、更《あらた》める意）＋用でありまして、第一は用いるという意味。（ついでに賡——庚の下に貝を書くと、更めてつぐ・うけるという意味になる）。しかし用いるにはそこに常則・法則がなければならない。つまりつねという意味。

そうすると必ずそれだけの成績が上がる。そこで成績・功績の意がある。成績が上がると、次第に人がそれに注意し、理解して共鳴するようになる。だから和する、やわらぐという意が出て来る。又人を用いるから、やとうであり、雇人である。

更に——これは佞や奸も同じことですが……つね・常則というところから一転して、当り前・並《なみ》、凡とくっついて凡庸というような語を生むようになる。しかし本来の庸は決してそうではなくて、人間の厳粛な統一原理を意味する文字であります。

仲尼（孔子）は言われた、君子が世に処するに当っては、誰にも通ずる常則をふまえて、あらゆる矛盾・相剋《そうこく》を克服して、どこまでも進歩向上して已《や》まぬが、小人はその反対であると。小人は常に私心・私欲によって生きますから、どうしても頑《がん》迷《めい》・固陋《ころう》に陥って進歩向上しない。

君子也中庸也、君子而※時中。小人之反二中庸一也、小人而※無忌二憚一也。

君子の中庸や、君子よく時中《じちゅう》す。小人の中庸に反するや、小人よく忌憚《きたん》するなきなり。

※而は普通……して、と読むのでありますが、明代の大学者兪曲園《ゆきょくえん》は『羣経平議《ぐんけいへいぎ》』という書物を引用して、「二つの而の字は当に能（よく）と読むべし。古書には能の字を耐に作り、或いは省いて而に作る」と注釈しております。

君子の中庸とは、あらゆる場合、あらゆる問題をよく考え反省して、そうして常に進歩向上してゆくのである。これに対して小人の中庸に反するというのは、ああやってはいかん、こうやってはいかん、というふうに良心的に忌《い》み憚《はばか》るところが少しもない。つまり小人というものは自分の私心・私欲によって動いて、そこに反省というものがない、と慨歎されたわけであります。

（昭和四十七年十一月二十九日・某社において）

『老子』と現代

孔孟の教は現実的である

東洋の学問を学んでだんだん深くなって参りますと、どうしても『易』と『老子』を学びたくなる、と言うよりは学ばぬものがないと言うのが本当のようであります。又そういう専門的な問題を別にしても、人生を自分から考えるようになった人々は、読めると読めないにかかわらず、『易』や『老子』に憧憬を持つのであります。

大体『易』や『老子』というものは、若い人や初歩の人にはくいつき難いもので、どうしても世の中の苦労をなめて、世の中というものがそう簡単に割り切れるものではないということがしみじみと分かって、つまり首をひねって人生を考えるような年輩になって、はじめて学びたくなる。又学んで言いしれぬ楽しみを発見するのであります。

しかし若い人でも逆境に育ったり、或は病気をしたりして、うかうかと暮せないような境遇に立ったものは、やはりこれに魅力を持つ様であります。

これは何故かと申しますと、孔子、孟子等の古人の儒学というものは、専《もっぱ》ら倫理、道徳を説いたもので、従って非常に現実に徹した実践的なものであります。処《ところ》があくまでも現実に徹して、人間生活の厳しい実践の法則を立ててゆく学問は、それだけに人間が現実に疲れて来ると、どうしても重荷になって参ります。そこで儒書はどうも重苦しい。然《しか》し、少し立ち入って味わって見れば、常に内面生活に遊ぶ面も豊かに含まれておるのでありますが、それは余程深く入らなければ分からない境地で、兎に角表われたところは誠に現実的実践的で堅い観がするのであります。

老荘の教は理想主義的である

この堅さ、厳しさを救うものが、黄老《こうろう》思想或は所謂老荘系統の思想・学問であります。これは誠に理想主義的で、現実に捉われない、形而上学的なところがあります。だからこの学問をすると、現実から解放されると言うか、救いを感じると言うか、兎に角現実生活から救われる感がある。

そこで人間というものがいささか分かってて首をひねるようになって来ると、或は又この現実生活に疲れを感じて来ると、どうしても老荘の学問に入って来るのであります。

もともと東洋思想の源流は何かと言えれば、孔孟と黄老（或は老荘）の二大潮流であって、仏教は後に東洋文化の大きな内容にはなりましたが、これは漢末になってから入って来たものであります。黄老は支那帝王の理想像である黄帝、それと老子、それが漢末になって老荘という様になったので、そこでその本場である中国のことを黄老の国と言うのであります。

論語読みの論語知らずになってはいけない

さて、それでは一体老子という人はどういう人であったかということになると、これは孔子と違って全く判らない。どうかすると仙人扱いされておるのであります。

『老子』と言う書物にしても諸説紛々で、いつ出来たかも分からない有様でありま す。そこで学者の中にはそういうことのみを穿鑿《せんさく》して、肝腎の老子をどこかへ失っ てしまっている、所謂「論語読みの論語知らず」が非常に多いのであります。

成る程こういう穿鑿はやって見ると誠に面白いもので、私も時々やっては苦笑い するのですが、或る時邵康節《しょうこうせつ》と言う宋の名高い哲人の伝記を調べておったところ、 お父さんが邵古《しょうこ》というのと邵吉《しょうきつ》というのと二説出て来た。

困ったもので、何事もつきとめぬと承知出来ない。さて気がついてみると尨大な 資料を集めて苦労している。ふっと考えてみると彼の親父の名が古でも吉でも、一 般にはどうだって良いので、およそ意味がない。処がそれが学問となると大切なこ とで、そのままにして置くわけには参らないのであります。

今度出した『易学入門』もいざやってみると、こういう問題が沢山出て参りまし て、いい加減に放って置くことも出来ないので、幾晩も徹夜して校訂を致しました。 なにしろ二千年も前の書物であるから、今から考えれば分からぬ事が沢山あります。

例えば易の卦の中に、「匪人《ひじん》」という事がある。それは否の卦でありますが、その卦辞に、「否之匪人《人にあらず》。不利君子貞」と断じている。

【読み下し文】「匪人《ひじん》に否《ふさ》（塞）がる（之は於に同じ）君子の貞に利ならず。」（安岡先生の新しい読み下し）、「否は之《これ》に匪《あら》ず。君子の貞に利《よ》ろしからず」（従前の旧い読み下し）

【大意】「匪人」は罪人、転じて悪人・小人の意とする聞一多氏の所説により、安岡先生は右のように読み、「小人に塞がれてしまっては、君子がいかに貞正を守ってもよろしいところがない」の意に解している。従前は「否」は否塞、ふさがって通ぜぬことし、「匪人」を人道の正常な状態でないと解してきた。

否之匪人は解し難い。ゆきづまりの卦で、あらゆる学者の書物を読んでみたが、こじつけや牽強附会《けんきょうふかい》の説ばかりで、朱子などに至っては間違って混入したものと否定している。

然し伝にも繰返されておることでもあるし、満更否定も出来ない。之に比する人に匪ず、などと種々読み方があるが、どうもうまく解釈出来ない。

処が丁度その時、私が易を書いているということを聞いて、支那の友人がいろいろ新しい研究文献を送って来てくれました。勿論丹念に読む暇もありませぬので、ざっと目を通したのですが、その中にひょっとこれについての解説が目に入ったのです。不思議なもので、はじめから丹念に読んで探している時にはなかなか見つからないが、そのことに精神を集中していると、感覚が鋭敏になって直ぐ目につくものであります。

一体物事を研究する場合に大切なことは、異説を考定するということであります。通説や同説はさて措《お》いて、異説を先ず調べなければならない。現代の社会思想でもそうで、正しい思想を立てるためには一応アナーキズムやマルキシズムを調べない事には、正しい思想を学問として解説する事が出来ないのであります。

そういうわけで今度のこの何千年も分からなかった卦辞も、送ってくれた資料のお蔭ではっきりと説明する事が出来たのであります。

正しい意味の形而上学

こういう事は沢山あるのですが、問題は結局われわれの直覚力に帰するので、やはり人間は精神を集中して、全心全霊をなにものかに打込まなければ、精神も磨かれないし、本当の力も発揮出来ない。

従って世の中を救おうと思ったら、古の名宰相のように寝ても醒めても国家のことを考え、民族のことを考えて、それに全心全霊を打込まなければ、本当の為政者たることは出来ないのであります。大衆を相手に駈けずり廻って演説をやっておるようなことでは、この世界の危機に当って本当の立派な政治は出来ない。そのためにはどうしても哲学や信念を持たなければならないのであります。

そういう意味で、われわれの人生、生活、現実というものに真剣に取組むと、われわれの思想、感覚が非常に霊的になる。普段ぼんやりして気の付かぬことが、容易に気が付く。超現実的な直覚、これが正しい意味に於ける形而上学というものでありますこういう叡智が『老子』には特に輝いているのであります。

立派な耳の持主

余談はさて措き、この老子という人物は、春秋末に出た幾人かの錬達の、老熟した、思索の深い隠士《いんし》の中の一人であったと思えば宜しい。そして『老子』という書物は、あらゆる考証学的な研究を綜合して判断するに、大体戦国末期からの漢の初め頃には已《すで》に出来ておった。それも代を重ねてだんだんに出来たもので、むしろ『論語』などよりは後れて出来たものと想像されるのであります。

老子にはちゃんと姓もあり、名も耳《じ》であるとか、聃《たん》であるとかいろいろな説がありますが、どっちにしても皆「耳」がついております。従って老子と言うところから考えて、非常な練達の士であると同時に、立派な耳を持った人であったと想像して間違いないのであります。

耳は遺伝的、目は後天的良否を表わす

ところでこの耳でありますが、人間耳が立派であるというのは、これは幸福を示すもので、意味するところ甚だ深いのであります。

おおよそ人相の要素の中で一番大事なものは、耳目と言って耳と目であります。耳は、例外はあるにしても、犬や猫のように動かないのが普通で、これは遺伝性、先天性を物語るものであります。目はもっとも動くもので、これは後天性を表わす。だから遺伝の良否は耳に表われ、学問修養といった後天的なものは目に表われるのであります。だから耳の立派な人は遺伝の良い証拠で、欠《か》けた耳や貧弱な耳の人は必ず遺伝的に缺陥《けっかん》がある。だから昔から子供の耳を始終もんでやると良いと言うのは本当で、生命機能のもっとも根原的なものの一つは腎臓であるから、耳をもむと腎臓に良いわけであります。しかも腎臓に直接関係するのは心臓であるから、耳

をもむと心臓が強くなる。

兎に角遺伝の良し悪しというものは耳に表われるので、だから耳は成《な》る可《べ》く形が良くて、色も美しくなければいけない。黒ずんでひからびているような耳の人は心臓や腎臓の悪い証拠であります。

老と生

老子はその耳が立派で、同時に聃《たん》と言うのですから、非常に博聞の人であったに違いないのであります。大体考証学的に申せば、老荘系統の人々元来は、記録文書、考古学的参考、今で言うならば資料、調査、及び博物といったものに通じ、老子自身もそういうことに携わっておったと言う説もあります。

だから博聞で歴史を研究しているから、どうしても達観的である。長い目で物を見る。そこでどうしても哲学し思索する。そのために物の考え方が現実に捉われないから、どうしても練れて来る。

この老という字は、単に年をとっていると言う意味だけではなくて、考えるという意味をも含んでいる。老人になって人生の経験を積んで来ると、どうしても「生《なま》」でなくなって、つまり老練、練達になって、同時に思索が発達して来る。そうなると生のもっているような刺戟《しげき》や副作用がとれて来る。これを熟れる、練れるとも申します。

だから老には、練れる、従って、考える、老いると種々な意味があるのであります。

お酒でも、これは民族性をよく表わすのですが、日本人は「生」という事を貴ぶ。生は純粋であると同時に「なま」、即ち熟しない事を表わす。灘の生一本と言って、きゅうっと来ないと承知しない。

処が支那の老酒と言うのは、とろりとして、所謂熟れている。飲むとほのぼのと酔って来る。そうして話をしたり、種々と食っておるうちに何時の間にか良い気持に醒めて来る。だから長夜の宴もはれる。

中共になってからはそういう悠長なこともなくなりましたが、昔は田舎等に行けば行く程余裕のある家は、正月だとかお祝いだとか言っては、五日も十日も、飲んで食って、それこそ本当に長夜の宴をはったものであります。

食物でも支那の料理は老味であります。だから日本のように、飲んで食って直ぐ散会などということはない。歌を歌いながら、舞いながら、詩を作りながら、飲む程に醒め、醒める程に飲んで、三日でも四日でも陶然《とうぜん》蕩然《とうぜん》としておれる。

蕩という字は支那文明をもっともよく表わしている文字で、三つの意味がありま す。一つはなれておるという意味。二つは従ってこせこせしない、おおらかである。今一つは悪い意味で、とろける、くずれるという放蕩の蕩であります。だから支那文明のことを王道蕩々と言う。

処が日本の方は稜《りょう》と言い、気骨稜々《きこつりょうりょう》と言う。これは日本人の特徴であります。文化を見ても日本は稜々たる文化、支那の方は蕩々たる文化であります。

しかしこの蕩々たる文化も中共政権によって徹底的に破壊され、誠に稜々たるものになってしまった。だから支那人らしい支那人はどんどん逃げて行く。誠に惜しいことでありますが、この蕩々たる代表が老子であります。

先程申し上げましたように、われわれの生活・思索・学問というものに味をつけ、深味をつけ、うるおいを与える点に於て、老子の思想・学問の右に出るものはないと言って宜しいのであります。老子自身は往々にして現実から離れた、仙人の元祖の如く扱われているのでありますが、事実は逆で、却ってこの学問をやると現実にうるおいをもたらし、現実を生かすことになるのであります。

従って漢代に入ると、いちはやく孔孟系統と黄老系統は双方から交流致すことになるのであります。例えば、『中庸』とか『易』とかいうものはその両方の渾然と入り交ったものであります。

そういう意味で『老子』は決して古い東洋や西洋の思想学で批判されている様な奇矯な学問でもなければ、又超越的な思想でもない。深味もあり、現実的価値もある思想・学問であります。

本文

道の道とすべきは、常道に非ず。名の名とすべきは、常名に非ず。無名は天地の始にして、有名は万物の母なり。故に常無以て其の妙を観んことを欲し、常有以て其の徼《きょう》を観んことを欲す。此の両者は同出にして異名なり。同じく之を玄と謂ふ。玄の又玄、衆妙の門なり。

表現された道は真の道ではない

「道の道とすべきは、常道に非ず」。人間が言語や概念や文字等に表現したものは、已《すで》に限定されたものであります。道とは宇宙万物が存在し、活動、変化、造化する所以のものを言うので、従って生々として無限に変化極まりないものが道であります。

だから道の道たるものを、これが道だと言ってしまえば、概念や言語に表わしてしまえば、それは常道、常は永劫不変を表わす、つまり不変の道ではない。それは概念化され、限定化された道であって、道そのものではないということになるのであります。

学者の時々危険を冒すのは、概念・論理・形式的論理・それを使うところの論理的思惟、こういうものにあるということを、自殺者の例を引いて以前お話ししたことがありますが、例えば論理学にある三段論法、これは抽象的には論理の原則で、A＝C、B＝C、故にA＝Bということになる。これは何にでも通用するから意味がある。

しかしAとかBとかCとかでは具体的ではないので、これを具体化する時には余程注意しないととんでもないことになってしまうのであります。人は動物である。犬は動物である。故に人は犬である。それこそとんでもないことになってしまう。

ペンシルバニアの或るインテリ紳士が後妻を貰った。紳士には親父がおり、後妻には一人の連れ娘があった。万事うまくいってよく治まったのは良いが、余りうまく治まり過ぎてその結果、紳士の親父が後妻の連れて来た娘を後妻に直してしまった。そのためにわけがわからなくなったのが紳士であります。

わが娘はわが父の妻であるから、わが母である。わが父はわが娘の夫であるから、わが子である。わが妻はわが娘と言う母の母なるが故に、わが祖母である。われはわが父と言う子の子なるが故に、わが孫である。わが父はわが子にして、わが娘はわが母である。わが妻はわが祖母にして、われはわが孫なりということになって、とうとう頭が混乱して死んでしまった、と言うのであります。


道の道とすべきは常道に非ずで、限定してしまったものを無限そのものの本質と混同すると、こういう結果になってしまう。限定してしまったならば、それはもう本質や無限そのものではないのであります。有とは限定であり固定であって、無こそ永遠であり全体である。有限の形の世界からは無と言う他はない。

無から有を生ずと申しますが、本当に有というものは無から出て来るのであります。無は、言い換えれば全、完《まった》しであります。西洋ではこれを Complete wholes と言っております。これはうまい訳の仕方であります。そこから有限・現実の世界に現われて来ると、それはもう限定・固定されてしまう。決して無でもなく常道でもないのであります。

限定せず、無に帰しておく

肉体というものは、先祖代々受け伝えている生の力の限定である。従ってこの現われたわれわれの体力と、先祖につながる生命力とは自《おの》ら異《ずか》るものであります。肉体は無限の生命の一少部分の限定に過ぎないのであります。

だから現われるところは貧弱でも、非常に強靭《きょうじん》な生命力を持った人もおりますし、柳に雪折れなしで、倒れそうでなかなか倒れない。強そうな立派な肉体を持ちながら、実際は年中病気ばかりしておる人もある。図体そのものが生命力の重荷になっている人もおるのであります。

「大男総身に知慧が廻りかねる」と言う言葉がありますが、知慧ばかりではありませぬ。生命力が廻りかねて、階段を二、三段も登ればふうふう息をついているのもある。肉体もその持っておる生命力の八分目、と言うよりは二分位出ているのが良いのであります。肥り過ぎは一番いけない。身軽でなければいけない、身重と言いますが、女の身重は宜しいが、男の身重は決して喜ばしい事ではないのであります。

われわれの脳力でもそうでありまして、神秘な直観力だとか道徳力だとかいうのは宜しいけれども、色々な形式的論理的知識などというものは、これは余り雑駁《ざっぱく》に沢山持つことは決して良いことではないのであります。持つことによって却って頭を荒らしてしまう。やはり無限なる脳力の極く一部分が形式的概念的な知識になっておれば良いのであります。

あのろくに脳力のない少年・青年を大学などと称するところへ入れて、そうして沢山の学科を、二十単位だ、三十単位だと朝から晩までつめ込む。それも余り出来もしない教授が入れ代り立ち代り教えるのでありますから、頭を、人間を駄目にしてしまうのも当り前であります。

われわれの消化力でもそうであります。牛飲馬食はもっとも悪い。昔から言われるように腹八分目にして、胃の消化力に余裕を持たせて置く。つまり出来るだけ多くを無に帰しておき、表われるところをなるべく少くしておく、これが一番良いのであります。

いつかもお話しましたが、人間の立身出世などというものも同じこと、柄にもないものがとんでもない成功をするくらい悪いことはない。そのために往々にして早死にしたり、恥をかいたり、子孫を台無しにしたりする。立身出世の出来る人が、その成功を七分目か八分目位に止めておいて、後は子孫に譲っておく。これが一番健全なのであります。

だから「権門《けんもん》に賢子《けんし》なし」「売り家と唐様《からよう》で書く三代目」などということは、これは真実であります。自分の代に余り柄になく出世するということは、子孫のために大害になる。

【解説】富貴の家、権勢の家には、立派な子は育たない。恵まれ過ぎていて、皆どら息子となってしまうからである。一代目は貧賤から起って苦労して財を蓄え、家を興す。二代目もその苦労を知って、慎んで家を守る。ところが三代目になると、何の苦労も知らず、唐様の高度な書道は学んだが家を保持することができず、売りに出す破目になり、何と立派な唐様の文字で「売り家」の貼り紙を書いている。

学問・知識でもそうで、成《な》る可《べ》く無に帰しておく。と言うことは成る可く自然に根を下ろすと言うことであります。余り限定し、表現してしまってはいけないのであります。

本当の名は名付くべきなし

「道の道とすべきは、常道に非ず。名の名とすべきは、常名に非ず」。

本当の名は無名、名付くべきなしであります。人間でも名付けようのないというのが本当に偉い人であります。あの人はこういう人だ、と直ぐ名付けられるような人は底が知れている。サラリーマンなどは兎角役職を欲しがりますが、サラリーマンと自己を限定した上に、尚更に係長等と限定してしまうのですから、考えて見ればこれ位勿体ないことはないので、人間、出来得れば浪人するに越したことはないのであります。

何をやっているのか、自分でも説明出来ないのだから、他人には尚更分からない。何がなんだか分からない人、これが本当に偉い人なのであります。

老子はこういうことをしきりに教えてくれる。だから老子をやると、馬鹿も救われれば、不遇も救われる。勿論貧乏人も救われる。大体わずかな株くらい持って、騰《あが》り下がりで心臓をどきどきさせるなどというのは、考え様によっては、実際愚《おろか》なことであります。

有名は一つの限定である

「無名は天地の始にして、有名は万物の母なり」。

有名になるということは、つまりおっ母さんになって、色々なものを生んでゆくことであります。然し母になるということは一つの限定であるから、そこで処女《おとめ》は貴いのであります。ここから何にでもなれる。

だから結婚は、或る意味に於て、惜しむべき限定であります。独りぼっちでおって、神経衰弱になっても困るけれども、物解りの悪い亭主と結婚する位い悲惨なことはない。だから西洋でも未婚の婦人のことを single blessdness「神から祝福された一人」と言うのであります。

結婚式に行って、お芽出度《めでと》うと言える結婚式は果してどれだけあるか。お悔みを言った方が良いような結婚式が実際には多いのであります。

こういうことに関しては老子は誠に皮肉であります。だから老子を下手に学ぶと、なんでもけちをつけて喜ぶような皮肉な人間になってしまう。「よく物事は終いまで聞け」と言うのはこのことであります。結婚式に行って、お悔みを言ってしまっては大へんなことになってしまう。

無限に根ざした有限は玄妙である

「故に常無以て其の妙を観んことを欲し、常有以て其の徼《きょう》を観んことを欲す」。どっしりと無限に腰を据えておくと、そこからいろんなものが分化、活動するわけでありますから、実にそれは微妙であります。妙は処女で、どんな亭主を持つやら、どんな子孫を持つやら、それこそ妙に違いないのであります。

さて「常有以て其の徼《きょう》を観んことを欲す」の徼の字は、古来文字学者、老子学者によって色々と説のある問題の文字でありますが、結論を言えば、これは微の文字が置き換えられたとみるのが正しいようであります。

「此の両者は同出にして異名なり」。有も無も名が異るだけで、実は同じものであります。

「同じくこれを玄と謂ふ。玄の又玄、衆妙の門」。玄の又玄なるものが衆妙の門であります。もっとも無限にして超感覚的なものがもっとも変化極まりない現実的なものである。衆妙は多くの限り無き微妙なものの出来るところであります。

【解説】この章は、老子道徳経の中で最も難解と称せられる部分で、解説にも種々のものがある。ここでは、同じ所から異なったものを産み出している不思議な働きをしているもの、これを「玄」といい、この奥深いかすかな所、幽遠なる上にも幽な所が、さまざまな微妙な現象を産み出す門なのである、と解しておく。「玄」とは母性ないしは「女性」を抽象した表現とするのが一般的解釈である。

だから現実の人間的存在が無限に根ざしておれば、それと一体になっておればこれは微妙であります。この無限から遊離して浮き上がってしまった有限は、これは本当の限定・固定であって、微妙ではない。現実というものは、どこまでも理想と言えば語弊があるが、その由って来たる有限と無限と一体になっておれば玄妙であります。だから有名は万物の母、無名は万物の母と申して良いのであります。

そこで人間の徳で申しますと、老子や黄老派は徳の事を玄徳と言う。徳とは万物を包容し育成する力であります。それは無限であると言うので玄徳と言うのであります。

これを儒家の方では明徳と言う。玄徳が外に発揚したもの、つまり無から有に出たものが明であります。

儒家は明徳を常に力説する。老子は、明徳では惜しい。それは限定であるから、宜しく玄徳でなければならない、こう言って補うのであります。

われわれの明徳が玄徳に根ざしておれば良い。これが本当の明徳であります。遊離して背いて来ると、明徳はやがて明徳でなくなってしまう。昧徳《まいとく》になってしまう。

教育の本体は徳育にある

例えば、人間の知識とか才能とかいうものは徳の微なるものであって、その能力の極めて末梢的なものであります。しかしこの末梢的な知性や技術も、人間の徳性とよく結びついておってこそはじめて明徳であり、貴いものでありますが、徳性から遊離してしまって、異端邪説を振り廻わすようになると、これは有害なものになってしまう。

そこで、教育で申しますと、小学校教育、義務教育というものは何処までも本体を徳育におかなければいけないのであります。徳育から枝葉を伸ばし、幹を太らせ、実を育てるように、専門学校・大学で色々の知識・技術を教える。これが正しい学校体系・教育体系であります。

処《ところ》がろくろく人間としての徳の教育もせずに、小学校の時から妙な異端邪説、下劣な悪習慣をつけて、そのまま大学まで行ってしまうなどは、全くそれを殺してしまうのでありますから、人間を暗愚《あんぐ》にしてしまう。ここに今日の教育の非常な危険があるわけであります。

特に国民教育に携わる教師は、もっとも徳とか道とかの分かる人でなければならないのに、そういう肝腎なことを忘れてしまって、せいぜい上級学校の入学試験に及第者の一人でも多く出すことを最良の如く考えて、無闇につめ込み教育をやる。胃弱者に、栄養と称して、暴飲暴食をさせるのと同じことで、直ちに胃潰瘍を起こしてしまう。

これが進むと、胃潰瘍なら手術も出来るが、こればっかりはどうにもならない、最後は人格破壊者・精神病者になってしまう。現に現代文明の悲惨な実例は、精神病者、人格破産者、青少年時代からの非行犯罪者の激増であります。そういうことを考えて来ると、今日の時代は実に間違いだらけであります。

それが如何に間違っておるかということの確信は、やはりこういう学問をしないとなかなか得ることが出来ないのであります。

私を去ることによってこそ真に私を為す

天は長く地は久し。天地の能く長く且久しき所以の者は、其の自ら生ぜざるを以ての故に能く長生す。是を以て聖人は其の身を後にして身先んじ、其の身を外にして身存す。其の私無きを以てに非ずや。故に能く其の私を成す。

「天は長く地は久し」。インスタントはいけない。天地の能く長く且つ久しき所以の者は、其の自ら生ぜざるを以ての故である。自分からいろいろの心を持ったり作為したりしない。よく自然に則るから長生を得るのである。

「是を以て聖人は其の身を後にして身先んじ」、自分が欲望や私心で先頭に立つのではない。自分の身を後にする。後にするから、いつの間にか人が立てる。だから自分が先になる。

「其の身を外にして身存す」。自分自身を考えないから、却って自分の身を存続させることが出来る。

「其の私無きを以てに非ずや。故に能く私を成す」。つまり人間が私利私欲、けちな考えをなくすると、却って自分の存在を確立することになる。自分というものを真実に打立てることが出来る。

余り私に走るということは、これは枝葉末節に走ることであるから、却って生命が短くなる。誠にその通りであります。

人が為すと書いて偽《いつわり》と読みますが、人為が偏向すると、文字通り偽になってしまう。今日までの学問技術が、科学の名によって自然から離れて、余りに人為になり過ぎて多く偽りであったという事が、新しい科学によってどんどん発見されつつあります。がわれわれは私を去ることによって、はじめて本当に私を成すことが出来るのであります。

病中の趣味嘗めざる可からず

先般無熱性肺炎という、ちょっと変った病気をやりまして、しばらく忘れておった病気なるものを味わいました。

大体私は余り病気はしないのでありますが、その代りするとなると、妙な変った病気を致します。数年前にも久し振りに病気をしましたが、医者が何の病気か分らない。二人も三人も来て一所懸命鳩首《きゅうしゅ》協議をした結果、とうとう麻疹《はしか》だとかいうことになったのでありますが、五十過ぎてまさか麻疹をしようなどとは夢にも思わなかったし、見舞に来る人が皆笑い出す始末で、よい話の種になりました。

しかしこの麻疹にしても、やっておらぬ同類項が偶《たま》にはおるものとみえて、あの小汀利得《おばまとしえ》さんが見舞に来てくれたのはよいが、さて玄関で「一体病気は何ですか」と訊くので、女中が「麻疹でございます」と答えたところ、先生吃驚《びっくり》して「そりゃ大へんだ。御免蒙《こうむ》る」と言って帰られようとするので、「どうしたのですか」と言うと、「いや、私もまだやっておらん。年をとって罹《かか》ると命が危いと言うから、病室に入るのは止めます」と言って、それこそとんで逃げ帰ってしまったそうであります。呵々……

無熱性肺炎も時々あるとみえて、関西師友協会の副会長をされております浅田敏章氏の近しいお友達も、熱が無いものだから気がつかず、二、三日で亡くなられたそうであります。危うく私もそうなるところであったらしいのでありますが、業が尽きぬか意外に早く治りました。お蔭で天与の休養を与えられたわけでありますが、さてこう早く治り過ぎてみると、なんだか惜別の情に堪えぬ点もあります。こんな良い病気ならもう少し続いた方が好いと思うのであります。

『菜根譚』であったか、『酔古堂』であったか、

「窮途《きゅうと》の光景《こうけい》歴《へ》ざる可《べ》からず」

【大意】困窮の体験（例えば、病気、投獄、左遷等不如意の状態下に置かれること）は、

人物づくりに有益であり、それを回避しないで経験すべきである。

とありますが、これは負け惜しみでは決してないのでありまして、人間やはり窮してみると、浮き浮き暮しておってはわからない深味を味わうことが出来るのであります。

殊《こと》に病床に臥して、天井を見ながら考えこんだり、忘れておった書物をひっぱり出してはしみじみと読んでみたり、或《あるい》は平生忘れておったことなどいろいろと頭の中に浮かんで来るのであります。あそこに伜《せがれ》がおったが、大きくなったろうとか、あの爺さんはまだ生きているだろうかとか、こういうことを思い出すのも人生の情味でありまして、確かに病中の趣味嘗《な》めざる可《べ》からずであります。

又色々と緊迫した時局の問題等にひっぱり出されて、議論したり、意見を話させられたりするのとは違って、寝床の中でとつおいつ考えるというのは、案外良い智慧も出るもので、まあ、いろいろの意味で病気も決して捨てたものではないのであります。むしろ痛くも痒くもない病気は大いにせざるべからずで、これは喜ぶべき天与の恩恵であります。随所に主と作れば立処皆真であります。老荘思想もこういう所にその妙があります。

さて、それでは本文に入りましょう。

上善は水の若し。水は善《よ》く万物を利して而して争はず、衆人の悪《にく》む所に処《お》る。故に道に幾《ちか》し。居は善く地、心は善く淵《えん》、与は善く仁、言は善く信、政は善く治、事は善く能、動は善く時、夫れ唯争はず故に尤《とが》なし。

【大意】最上の善は水のようなものである。水は万物に利益を与えていながら、他と争うことはせず、しかも多くの人びとのいやがる低い処に身を置く。だから、水こそ道に近い存在といえる。善とは、起居は大地のように落ち着いており、心は淵のように静かで奥深く、与えるには仁愛によって報償を求めず。言は行に一致して信であり、政治は無事に治まり、事をなすには有能、動くには時宜にかなっている、そのような状態をいう。いずれも水のように他と争うことがないからこそ、うらみとがめられないのだ。

これはよく人口に伝わっておる一節であります。

「上善は水の若し」。老子は余程水が好きとみえて、よく水を引用しております。

「水は善く万物を利して而して争はず、衆人の悪む所に処る」。衆人は皆出世したがったり、高きに上りたがったりするが、水は反対に、衆人の嫌う低い方へ低い方へとつく。

「故に道に幾《ちか》し」。道というものは無にして万物を生かすものである。

「与は善く仁」。与は「あたえる」、或は「仲間」、「くみする」という意味にとっても宜しい。為にする所あって与えるのではない。すべて動は善く時、タイムリーに動くこと。

これは誰れもが知っている一節で、別に講釈する必要もないと思います。

水の四徳

余談になりますが、水について面白い話があります。それは「水の四徳」です。

第一の徳は、

「群生を沐浴《もくよく》し、万物に通流するは仁なり」

水というものは、生きとし生けるものを洗ってやって、そうしてあらゆるものに通じて流れる。あらゆるものを洗って潤してやる。これは仁である。

「清を揚げ濁を激し、滓穢《しわい》を蕩去《とうきょ》するはこれ義なり」

清濁にかかわらず、これを奮い立たせて、いろいろなものの滓をすっかり洗い去ってしまう。あらゆる経験に応じてこれを浄化する。これは義である。

「柔にして犯し難く、弱にして勝ち難きは勇なり」

【大意】水は柔軟なのに攻め難く、軟弱なのに勝ち難い。いわば勇の徳を有している。

読んで字の通りであります。

「江を導き川を疏《とお》し、盈《えい》を悪《にく》み謙を流すは智なり」

【大意】江や河の流れをなし、あふれること（盈満）をにくみ、下へ下へと流れる、いわば智徳を有している。

（注）「水の四徳」は戦国の人、尸子《しし》（名は佼《し》、商鞅の師であった賢者）の書の「君治」篇に載っていることば。

これは水の四徳である、と同時に人間の四徳でもあります。

こういうところが老子の好みにぴったりで、人間の徳もこういう風にゆけば、所謂融通無碍《むげ》であるが、大ていは一方に片寄って、なかなか円通自在には参らぬものであります。

営魄《えいはく》を載し、一を抱いて能く離るるなからん乎。気を専《もっぱ》にし柔を致《きわ》め、能く嬰児《えいじ》ならん乎《か》。滌除玄覧《てきじょげんらん》、能く疵《し》なからん乎。民を愛し国を治めて、能く無為ならん乎。天門開闔《かいこう》して能く雌《し》たらん乎。明白四達して、能く無知ならん乎。之を生み之を畜《やしな》ひ、生んで有せず、為《な》して恃《たの》まず、長として宰《さい》せず。是を玄徳と謂ふ。

「営魄を載し」。この載はいろいろと老子学者によって説がありますが、載は哉に通ずで、これは前の第九章の終りの文字が紛れて入ったのであります。従って「営魄一を抱いて能く離るるなからん乎」と読む方が宜しい。営は「いとなむ、活動する」という文字で、営魄は活動するたましいわれわれの活潑な精神の事を営魄と言うわけであります。

魂魄《こんぱく》という語がありますが、営魄は別の語で言えば魂であります。同じたましいでも魂の方は、われわれ精神の活動的創造的なもの、その全般的総称が心であります。しかしそのたましいにも魂と魄があって、その陽性のものが魂、陰性のものが魄であります。陰が本体、陽が作用でありますから、従って本体的なたましいの中の一番の根本が魄であります。

だから我々の感情の動き等は魂に属するわけで、従って激昂《げきこう》した、がっかりしたというのは「消魂」と言う。こんなものは水が流れ、雲が浮んでいるのと同じことで、直《じ》きに納まってしまう。処がそういう消魂ではなくて、もっと本質的にどうにもならん、取り返しがきかんと言う風にすっかり参ってしまうことを、「落魄《らくはく》」と言う。落魂とは言わない。

消魂くらいではそうこたえない、七転八倒ではね起きる。落魄の方は、再起の望みもなくなって、全くうらぶれ果ててしまった状態を言うので、落魂よりも深刻であります。そういう意味から、消えたらもう出て来ない残月のことを「月魄」と言うのであります。だから営魄は営魂よりももっと深刻で、活動するたましい、真底からの心の動き、これが営魄であります。

「営魄を載し、一を抱いて能く離るるなからん乎」。本当に純一《じゅんいつ》を保っておる。例えば書を読むにしてもそうでありますが、乱読・耽読・つん読などというのは、余り感心出来ない。読む以上は、その書物と自分とがぴったりと一つになる。別の言葉で言えば、「古経心を照らし、心古経を照らす」で、心と書物が一つになって、はじめて深い読書と言えるのであります。

「気を専《もっぱ》にし柔を致《きわ》め、能く嬰児《えいじ》ならん乎」。そういう時には何等の抵抗も感じない。精神を統一して、そこになんの抵抗も摩擦もなくなれば、従ってその時は感じとしては柔い、つまり柔の極致、致柔であります。

嬰児は赤ん坊で、まだ無心であります。老子はよく赤ん坊を、無の統一のこの上ない象徴として引用しております。

「滌除玄覧《てきじょげんらん》、能く疵《し》なからん乎」。滌除はいろんな垢《あか》を洗い落してしまうこと。玄覧は神秘的と言うか、深い直観力のことで、雑念を洗ってしまうと、純粋な直観力が出て来る。丁度明鏡のようなもので、そこで能く疵なからん乎《か》であります。

「民を愛し国を治めて、能く無為《むい》ならん乎」。民を愛し国を治めるのに、なんの無理もない、極めて無意識で自然であること。

「天門開闔《かいこう》して能く雌《し》たらん乎」。闔は閉じるでありますが、こういう場合には開を強める動詞で、黒白というのと同じこと。

天の門、これは自分の私心や私欲で開くものではない。天は無為・自然にして、万物を創造するのである。丁度門を開いて、いろいろなものが流通するのと同じ事、それがつまり女性の徳であります。女性というものは、なにもためにするところがあって、子供を産んだり、又いろいろなことをやるのではない。無心で、無我で、利害とか打算とかいうものは少しもない。

「明白四達して、能く無知ならん乎」。一切余すところなくすべてを明白に把握して、しかも所謂論理的・概念的ではない。

「之を生み之を畜《やしな》ひ、生んで有せず、為して恃《たの》まず、長として宰《さい》せず。是を玄徳と謂ふ」。長になって、頭になって、しかも支配しない。統して治せずで、干渉しない。これを玄徳と言う。儒教の明徳に対して、老荘は常に玄徳ということを力説しております。

こういうように、老子は常に現象よりも一歩本体に入って、従って作為や意識の世界よりももう一つ奥の無意識の世界、actual な世界よりも potential な世界に入って、そこから造化の働きを見よう、或はその働きに参じようとする。これが老荘の考え方、ゆき方であります。

物を相対的即ち現象的に捉えて、それを処理してゆこうというのではなくて、物の中へ飛び込んで、そして物と一つになって共に動いてゆく。例えば自分がこの書物を読む。理知を働かせて解釈し、解説し、批評するというのではなくて、この書物と一つになる。書物が自分を読むようなものであります。

例えば政治にしてもそうで、支配者が人民と相対的立場に立って、人民を観察し、統治してゆく。こういう相対的政治は老荘から言えば、決して至れるものではない。本当の老荘の政治は、人民そのものになって、人民をして自然に、雲が行き、水が流れるように導いてゆく。そこにはなんの矛盾もなければ、抵抗もない。余けいなPRとか、ゼスチュアーとか、況《いわ》んや謀略だとかいうものは、腐政であってむしろ有害であります。

絶対を離れるから堕落する

大道廃《すた》れて仁義あり、智慧出て大偽あり、六親《りくしん》和せずして孝慈あり、国家昏乱《こんらん》して、忠臣あり。

【大意】最善の大道が廃れたので、次善にすぎない仁義が説かれるようになった。智慧者が出て来たので、ひどいいつわりが行われるようになった。親族が不和になったので、孝子慈親が目立つようになってきた。国家が混迷したので、忠臣の姿が浮かび上がってくるようになった。

大偽は大いなるうそであります。この場合は利口、作為という意味で、道徳とか技術とかいうものは、物の純一が破れたところから来る。絶対を離れて相対に堕するところからこういうものが生じて来る。そういう考え方であります。われわれの大いに参考になる語であります。こういう見識で処すれば間違いない。捉われないで救われるわけであります。

しかしこれは難しいことで、下手をするとこれを口実にして、無為・怠慢・無能になってしまうところがあります。歴史的に日本人は単純で気が短い性分であるから、なかなかこういうことは出来ませぬ。然しさすがに大陸の支那には、歴史の記録をみても、老荘的人生観・芸術・政治・道徳というものが確かに存在しております。政治にしても老荘政治、こういう思想が、この権力や虚栄、それから来る抗争、陰謀のうずまく現実に取り入れられ、又そういう人物が出現すれば、どんなにか世界の平和、人生の幸福が促進されることか。しかしなかなか難しいことであります。

これは余程哲学を持ち、それらしい修養を積んではじめて至り得る事で、凡人が浅はかに真似るととんだことになる。本を読ませても、仕事をさせても、何にも出来ない人間が、陰陽の原理もなどと言ってもはじまらない。話としては、哲学としては面白い。又実際人生の原理としては面白い。禅亦も然り。実行は浅はかには真似の出来る事ではないのであります。それだけに老荘は学べば実に面白いが、危険であります。

こういう講演にしても、聴衆を前にどういう話をすれば、皆に受けるかなどと考えて、あらかじめ話の筋書をこしらえて、そうして話をするなどというのは、凡そ老荘的・黄老的ではない。無心でふらりと壇上に上がって、講師もなければ聴衆もない。「講師・聴衆一にしてよく離るるなし」で、講師もなんということなく話をすれば、聴衆も自然に心に浸み透って、心の中からひとりでに合点する。講演会の黄老的境地であります。

これが荘子になると尚面白い。例えば「われこれを妄言せん。汝これを妄聴すれば如何」などと言っておる。自分は好き勝手にしゃべるぞ。お前さん達も好き勝手に聴くがよい。なかなか面白い。

考えてみると確かに現代の文明生活・都市生活というものは、余りにも感覚的、物欲的、刺戟《しげき》的、作為的、技巧的に堕して、人間がだんだんアレルギーどころか、精神異状を呈して、錯乱に陥りつつある。

『師と友』の確か三月号か四月号かに「今春日本の社会学的考察」という題で私の一文が載っておりますが、改めてしみじみご覧下されば、又こういう老子の良い註釈になると思います。そうすれば今日のインスタントであるとか、レジャーであるとか、スピードであるとか、ムードであるとかいったような流行語、流行観念が見なおされて、興味津々たるを憶えることと存じます。

なんにしても、前回に申し上げた水の四徳と同じで、抵抗せずに、物と一つになって、中から動かしてゆくことが出来ますから、確かにこれは現代にとっても一つの救いになる学問であります。

老子という名も、いづれ亜流の人々、弟子の人々、或は心酔した人々の捧げたものでありましょう。老というのは、単に「おいた」という意味ではなくて、「如何にも練れた」「出来た」という意味を表わした言葉で、従ってわれわれも練れて来ないと、われわれ自身老子になって来ないと、老子の本当の味は分かりませぬ。こういう書物は、人生の経験を積めば積むほど面白くなるもので、従ってこういうことを知っておるということは、やがて若い人々にとっても、将来必ず大きな示唆を覚えられるでありましょう。丁度地味を肥沃《ひよく》にしておくようなもので、必ず効用を発揮するものと信じます。

蕩々と稜々

先達《せんだつ》て香港から中国の友人が参りまして、一夜四方山《よもやま》の話をしたのでありますが、その時にこの友人はこういう面白いことを申しました。それは「今の国際情勢は、中国の哲学から言えば、老と生の勝負である」と。

一体この老というのは、「年をとっている」「老人」という意で、生は「若い」「青年」という意味が普通であります。これを次の段から申せば、老人になって、人生の経験を積んで来ると、老練・練達になって来る。だから老は熟《な》れる、練れるという意味である。これに対する生は、成る程純粋ではあるが、同時になま、未熟であります。

酒でも支那は老酒と言うように、飲むほどにほんのりと酔って来て、話でもしておるとほのぼのと醒めて来る。誠に練れております。これに対して日本は生《き》ということを貴びます。灘の生一本と言ってきゅっと来ないと承知しない。

そこで中国文明を王道蕩々《とうとう》というのであります。蕩には三つの意味がある。一つは熟《な》れておる。二つには、こせこせしない、おおらかである。今一つは悪い意味で、放蕩の蕩、とろける、くずれるという意味であります。

これに反して日本は気骨稜々《りょうりょう》、角立っておる。所謂尖鋭《せんえい》であります。生命が若々しくて鋭い、気節がある。然し悪くすると破壊的になり、軽薄になる。蕩々文明と稜々文明、要するに老と生であります。

で、私も面白いので、「それはどういうことか」と質《たず》ねると、その友人の曰く「老を代表するのがフルシチョフ、生を代表するのがケネディである」と。成る程言われてみれば、誠にその通りであります。

「それでは日本は一体どっちの方か」ときいたところが、その友人はにやにや笑いながら「兎に角日本は生だ」と言う。すると側におった一人の中国人が、これは又随分と皮肉屋なんですが、「生一本は甚だ結構だが、日本の酒は腐り易い」と申します。「それでは日本は腐りかけの生一本か」と。「いや、これはあずかり」と打切ってしまいましたが、然しこれは決して冗談ではないのであります。本当に日本の現状は、生一本には相違ないけれども、濁って腐りかけておる、と申して差支えないのであります。

色々の犯罪統計を見ても、その激増には本当に眉をひそめざるを得ない。又反省とか謙遜とか、或は礼節とかいったものが廃《すた》れてしまって、社会学でいうシック・ソサイエティ、病める社会と言うのでありますが、こういう風潮になって来ると、到るところ争い傷つけ合うようになる。こういう社会は確かに非文化的であります。

例えばこの頃の若い娘達が、結婚することを夫帯すると言うが、これは男が女房を持つことを妻帯すると言うのだから、女が亭主を持つのに夫帯する、と言って何がいけないかと言うわけだそうでありますから、どうも恐れ入った話であります。

同様に真面目な娘を褒めると、はねっかえりの娘連中は「あれは化繊だ」と一蹴する。化繊は虫も食わぬ。従って男も問題にしないということだそうで、兎に角すべての面で調子が狂っております。

生一本は好いけれども、確かに腐り易いことは事実であります。

そこへゆくと老酒はなかなか腐らない。時が経つほど好い。

支那二十四史と言われる歴史を見ても、すべてこれ革命叛乱、栄枯盛衰の歴史であるが、如何なる民族が侵入しても、又二百年、三百年と支配を受けても、漢民族は決してその個性・その生命力を失わない。そうしていつの間にかその征服者・侵略者を軟化・同化してしまう。時が来れば必ず解消してしまう。

生一本はそういう風にはゆかない。直ぐに腐る。一度戦争に負けたらそれで駄目になってしまう。そういう意味から言っても、われわれは生一本であるだけに、それだけ大いに老子に学ぶところがあるわけであります。

第二十章

学を絶てば憂なし。唯《い》の阿《あ》と相去る幾何《いくばく》ぞ、善の悪と相去る何若《いか》ん。人の畏《おそ》るる所は畏れざるべからず。荒兮《けい》として其れ未だ央《きわ》まらざる哉。衆人は熙熙《きき》として、大牢《たいろう》を享《う》くるが如く、春《はる》、台に登るが如し。我れ独り泊兮《はくけい》として其れ未だ兆《きざ》さざること、嬰児《えいじ》の未だ孩《がい》せざるが如く、儽儽《るいるい》兮として帰する所無きが若し。衆人皆余りあり、而して我れ独り遺《わす》れたるが若し。我れは愚人の心なる哉、沌沌《とんとん》兮たり。俗人は昭昭として我れ独り昏の若し、俗人察察《さっさつ》たり、我れ独り悶悶《もんもん》、澹《たん》兮として其れ海の若く、飂《りょう》兮として止まる所なきに似たり。衆人皆以てするあり、而して我独り頑にして且つ鄙《いや》し。我独り人に異にして、而して母に養《やしな》はるるを貴ぶ。

この「絶学」という語を、禅僧はよく雅号にしたり、又法名にしたりしております。以前東海寺に霄《しょう》絶学と言う禅僧がおりました。

絶学とは、学問を無くするという意味ではなくて、絶対とか絶大とかいう、absolute つまり「つきつめた」という大きな形容詞であります。目や耳で取り入れたような軽薄な知識・理論などを解説して、本当の学問をつきつめるということであります。

絶学無憂、その時は無憂である。「人生、文字を知るは憂患のはじめなり」などと申しますが、人間色々な知識や理論などを持つようになると、又煩悶が多くなる。然しそれをつきつめて超脱すると、憂いも亦自らにして無くなる。

「唯《い》の阿《あ》と相去る幾何《いくばく》ぞ、善の悪と相去る何若《いか》ん」。唯は「はい」という丁重な返事、阿は「うん」という無作法な返事であります。

然しこれもつきつめて考えれば、何が礼かなにが無礼であるか、どうもよく分からない。例えば、真実甚だ宜しからざるものが、形だけ如何に礼儀正しく見せても、どれだけ一体値打があるのか。形の上では如何に不作法に見えても、内心は誠の人間もある。形の上に表われるものだけで、礼儀だ、無礼だと言っても、それが一体どれだけ違うのか。

同様に「善の悪と相去る何若《いか》ん」であります。世間の言うところは実に好い加減なものである。

しかしそうは言うものの「人の畏《おそ》るる所は畏れざるべからず」で、現実問題としては、やはり礼は礼であり、善は善である。無礼は無礼、悪は悪である。人の畏れ憚《はばか》るところはやっぱり畏れ憚らねばならぬ。どっちだか分からんと言って、それを無視するわけにはゆかない。

そういうことになって来ると、つまり「荒兮《けい》として其れ未だ央まらざる哉」。荒は混沌に同じ、兮は読まなくても宜しい。央はつきざる哉、哉はなかばならざる哉で、未だ極まらないという意味で、現実のこういう価値判断というものは、混沌としてなかなかつきつめられるものではない。

未央宮という宮殿がありますが、奥深くてなかなか容易に分からない、立派な広大な宮殿の名として面白いものであります。

「衆人は熙熙《きき》として、太牢《たいろう》を享《う》くるが如く」多くの人々がほがらかにご馳走の沢山並んだ宴席に連らなっておるような、或は「春、台に登るが如し」四方の景色を楽しんでおるような誠に好い気分である。

「我れ独り泊兮として其れ未だ兆さざること、嬰児の未だ孩《がい》せざるが如く、儽儽《るいるい》兮として帰する所無きが若し」。泊はしーんとして波の静まっておる姿、そういうところは舟が宿るに好いから、碇泊《ていはく》などという語が出て来る。兆は内部生命の外に発動したさま、赤ん坊の未だ笑わない前はそれこそ本当に寂寞としている。そこで未《み》孩《がい》という語がある。儽々《るいるい》は、どこまでもつながっているすがた。自分はきまりきった浅はかな現実に満足するのではない。無限そのものを念としておるのだから、もうこれでお終いというような終点を持たない。だからいつまで経っても原野の中におるというか、兎に角甚だ頼りない状態である。

「衆人皆余りあり、而して我れ独り遺れたるが若し」。他のみんなはさも余りがあるように得々としておる。「遺」は「忘れる」、或は「落す」で、遺失物の遺、つまりなんか落しておるような、忘れておるような、これで足ったということを知らない。みんな無限から離れた有限に満足して、現実の少しばかり財産を持ったり、地位を持ったり、知識や理論を持つというと、それを鼻にかけて、いかにも十分だと言わぬばかりに得々としておる。自分だけが何か落したような、足らんような気持である。

「我れは愚人の心なる哉、沌沌兮たり」。そういう衆人に較べると、いかにも自分は馬鹿なものだ。

「俗人は昭昭として我れ独り昏の若し」。俗人はなんでもわかっておるようであるけれども、自分だけはそうはわからぬ。

「俗人察察たり、我れ独り悶悶、澹兮として其れ海の若く、飂兮として止まる所なきに似たり」。俗人はなんでも知っておるようだが、自分だけはそう簡単明瞭に割り切れない。澹は「淡い」、飂は「空をゆく風」のこと。丁度それは清清とした涯《はて》しない海の如く、いずこより来たりいずこに去るかわからない、大空を過ぎる風の如く、本当に止まるところを知らない。

「衆人皆以てするあり、而して我れ独り頑にして且つ鄙《いや》し」。以は「もちうる」、或は「ともあり」と解する人もある。衆人はみななんとか主義だとか、なんとかグループだとかあるけれども、自分だけはそう簡単にグループをつくったり、或はなにかを振り廻わすことも出来ない。いかにも頑固で、且つ衆人のように垢抜けしない、利口にゆかない。

「我れ独り人に異にして、而して母に養はるるを貴ぶ」。『老子』の異本には「食を母に求む」となっております。みな自分独りが独立したがるが、自分だけはそういう人達とは違って、いつまでも母の懐に養われておりたい。おっ母さんに食べさせて貰いたい、ということは即ち天から離れたくない、造化から分裂した簡単な一物になりたくない、常に無限でありたい、とこういう意味であります。

実に名文で、原文は韻をふんでおります。老とはこういうものであります。

老子と禅

こういうところが禅に通じるのであって、従って禅家はよく『老子』を愛読するのであります。大体禅のはじめ頃の人達は殆んど老荘家であって、禅の公案の中には、老荘精神が一貫して流れております。

「仏教の第一義を教えて頂きたい」、そう言って理窟盛りの生意気な雲水が肉迫すると、「飯を食ったか」「はい、頂きました」「茶碗洗ったか」「はい、洗いました」「それでよい」などと軽くいなされる。

仏教の極意などというものは、簡単な理論や概念で把握されるものではない。そういうことではなく、何がために仏教を学ぶか。人間が安心立命して、日々の生活を充ち足りてやることだ。本当に安心して飯を食い、綺麗にそれを片づける。そういうこともろくろく出来ないで、仏教の第一義などと頭の先で考えるのは、これは一つの神経衰弱に過ぎない。

白隠禅師がまだ若い頃に「五百年来俺くらいの秀才はあるまい」と非常な天狗になって、何処かに俺の相手になるものはいないかと、さて、友達に飯山の正受老人のことを教えられて、正受老人なにするものぞというわけで訪ねて行った。

さて滔々とまくしたてたが、老人は感心するどころか、冷然としてふうん、それはお前が人から聞いたこと、「這箇《しゃこ》はこれ汝の学得底」なにがお前の本物か。「那箇《なこ》か是れ見性底」そう言われて絶句して、何か言おうとすると、ぴしゃっと頭を抑えられる。うーんうーん唸っておると、この馬鹿者めと呶鳴《どな》りつけられた。要するにこういうものであります。

第二十九章

天下を取りて、而して之を為さんと将欲《ほっ》する者は、吾れ其の得ざるを見るのみ。天下は神器なり。為《な》す可《べ》からざる也。為す者は之を敗り、執る者は之を失ふ。凡そ物、行くことあれば随ふことあり。嘘するあれば吹くあり、強きあれば羸《よわ》きあり、載するあれば隳《だ》するあり。是を以て聖人は、甚《じん》を去り、奢《しゃ》を去り、泰《たい》を去る。

自然を尊ぶ

為は「作為」するという意味。嘘ははあーっと息を出して温める。吹はふうーと息を出して物を冷やす。甚も奢も泰もどっちも「甚だしい」ということ。つまり人間の私心私欲から道や真理を離れたものが、甚であり奢であり泰であります。要するに自然を貴ぶということであります。

実際現象世界の存在というものははかないもので、私心私欲に出れば出るほど、作為に出れば出るほど逆にゆく。必ずそれに対する反対があり、反作用があって、往々共倒れになったり、或は自らやぶれる。純粋持続ということは非常に難しいものである。

だから現実の歴史の進行過程というものは、トインビーに言わせると、チャレンジ challenge とレスポンス response で、挑戦と応戦である。つまり闘争過程で進行してゆく。その間に栄枯盛衰興亡の悲喜劇を演出してゆくわけであります。然しそれは人間の所為である。それに対して、自然は大きな調和で創造変化・造化してゆく。大和でゆく。人間は闘争でゆくが、これではうまくゆく筈がない。

今日のソ連や中共はパワー・ポリティックスでゆこうとしておるのでありますが、それに対する自由陣営の方は、出来るだけそれにレスポンスすることを避けて、これを感化してゆこうという誠に寛大な、仏教でいう摂受でゆこうとしておるわけであります。然しこれには余程の道力というものが要る。

その反対に、闘ってこれを殺戮しないで折伏《しゃくぶく》してゆく、これを勢力と言う。若し自由陣営にも道力があれば、今までのような宥和《ゆうわ》政策でも良いわけでありますが、しかし道力は余程の勢力でなければいけない。勢力のないような道力など有り得ない。そこで自由主義陣営の中にも、これではいかぬ、もっと勢力を出さなければいかん、という論が起って参りました。従って今日自由主義陣営の中には、それでは戦争になるから、やっぱり従前通り摂受でゆくべきだ、という論と二つの流れがあるわけであります。これは至難でよほどの備えと自信が必要であります。

第三十三章

人を知る者は智、自ら知る者は明。人に勝つ者は力あり、自ら勝つ者は強。足るを知る者は富み、強めて行ふ者は志あり。其の所を失はざる者は久しく、死して而して亡びざる者は寿《いのちなが》し。

これはもう評釈は要りません。

「人を知る者は智、自ら知る者は明」。自らに勝つものが本当に強いと言う。本当に富むということは、これは足るを知ることである。あの人が志あるというのは、ちょっとやそっとの抵抗に挫けないで、どこまでも強《つと》めて行うを言うのである。その占むべき地位を占めておるもの、がらにもない地位に居らぬものは長持ちする。即ち久しく、死して亡びざるものを本当の寿と言うのである。死んだ途端にうやむやになってしまうなどというのは、百歳生きたって、真の寿と言うことは出来ない。

第四十一章

上士は道を聞いて、勤めて而して之を行ひ、中士は道を聞いて、存るが若く、亡きが若し。下士は道を聞いて、大に之を笑ふ。笑はざれば以て道となすに足らず。故に建言に之れあり。明道は昧《くら》きが若《ごと》く、進道は退くが若く、夷道《いどう》は纇《らい》（糸のふしあるもの）なるが若し。上徳は俗の若く、太白は辱《じょく》たるが若く、広徳は足らざるが若く、建徳は偸《とう》なるが若く、質真は渝《かわ》るが若し。大方は隅なく、大器は晩成す。大音は希声、大象《だいしょう》は無形なり。道は隠れて名なし。夫れ唯だ道のみを善く貸し且つ成す。

感覚的事実は真の造化ではない

上士は道を聞いて、勤めてこれを行い、中士は道を聞いて、存るが如く、亡《な》きが如く、あると言えば、ある様でもあり、ないと言えば、ない様でもある。いや、そうか、そうでもあるまい、と何やらあやふやなのが中士。下士は道を聞いて、そんな馬鹿なことがと大いに笑う。下士が笑うようでなければ、道と為すに足らない。物の分からぬ連中に本当のことを言うと、必ずへっへっへっと笑う。笑うだけなら好いが、直《じ》きにやれ反動だのやれ右翼だのと言ってけなす。だからこそ道と言えるので、物分かりの悪い連中が分からなかったり、悪く言ったり笑ったりするということは、これこそ本当の道である証拠である。そう思えば腹も立たない。

「故に建言に之れあり」。建言者となっている書物もあります。明かなる道は却って昧《くら》いように見える。進む道は退くが如く、夷道は、平かなる道は纇《らい》（纇）の如く、糸の節のようで、すうっと延びておらない。本当に平かなる道というものは、あっちこっちでこぼこがあったり、或は又色々と障害のあるものです。

「上徳は俗の若く太白は辱たるが若く」、本当に潔白というのは汚れたる如く、「広徳は足らざるが若く」、「建徳は偸《とう》なるが若く、質真は渝《かわ》るが若し」。偸は「うすい」。「大方は隅なく、大器は晩成す」。「大音は希声、大象《だいしょう》は無形なり」。大音というものは、感覚の角度を超えておるから、却って耳に聞こえない。

「道は隠れて名なし。夫れ唯だ道のみ善く貸し且つ成す」。普通の人間の感覚的事実と、本当の創造変化、造化とはまるで違う。人間の浅はかな感覚で捉えられるようなものは、真の造化ではない。

だから老子を修めると、練達して老になり、悠々たる心境になるが、下手に学ぶと、皮肉になったり、すねるようになったりする。老子を誤り解さんまでも、少しく偏すると、物を皮肉に見て、揶揄《やゆ》したりすることが好きになる。これを偏得と言う。

然しこれを正しく得れば、それこそ悠々迫らず、真の練達と言うことになるのであります。

統一するが干渉しないのが玄徳

第五十一章

道之《これ》を生じ、徳之を畜ひ、物之を形し、勢之を成す。是《ここ》を以《もっ》て万物、道を尊びて而して徳を貴ばざるはなし。道の尊きと、徳の貴きとは、夫れ之を爵*するなくして、常に自ら然り。故に道之を生じ、徳之を畜い、之を長じ、之を育て、之を成し、之を熟し、之を覆ふ。生じて而して有せず、為して而して恃《たの》まず、長として而して宰せず。是を玄徳と謂《い》ふ。

＊この字一に命に作る。意同じ。

【大意】道が生み出し、徳が養うことによって、万物が形を顕わし、自然の勢いによって完成させる。そこで、万物はみな道を尊び徳を貴ぶのだ。道が尊く徳が貴いのは、何物にも指示されずに、常に自然に万物を生成するところにある。だから、道は万物を生み出し、徳がこれを育成・成熟させ、保護している。生み出したからといって自分のものとはせず、自慢することもなければ、成長させたからといって支配しようとしたりしない。これを玄妙な徳（道の恩恵）というのだ。

つまり生成化育、自然・造化が万物を創造し化成してゆく過程を説明したものであります。だから結論として万物を生んで、而もそれを私しない。色々とこれに作為をして、而も「俺がこうしてやったのだ」という様な、又従ってどうならねばならぬとか、どうしてくれなきゃならぬとか、そういうような私欲を持たない、恃《たの》まない。長として、物の頭になってもこせこせと干渉しない。これを玄徳と言うのであります。

「長として宰せず」、これは東洋の政治哲学・宰相哲学に常にある語であります。所謂統《す》べる、統一するが干渉しない。大体人の上に立つもの程こういう心掛けが必要であります。

いつかも申しましたが、世間には全くその逆になっておるいくつかの言葉があります。

その第一は馬鹿殿という言葉。今日では本当の馬鹿殿にしてしまっておりますが、真の意味は決してそうではない。

あの封建時代に色々の家来を沢山抱えて、その連中に一々禄を与え、地位を与えて、而もこれを包容し、使ってゆかなければならない。そのためには余程度量を大きく持って、分かっても分からぬような顔をしておらなければ、それこそ疲れてしまって、とても治めてなどゆかれるものではない。

殊に幕府が隠密などを放って、なんか過失があったら取潰してやろう、と虎視眈々と睨んでおるのであるから、それこそ馬鹿にならなければ、殿様などというものはつとまらない。利口者では出来ない。所謂名君にはなれない。

処がそのうちに本当の馬鹿殿も沢山出て来るので、折角の立派な馬鹿殿が本当の馬鹿殿になってしまったわけであります。

今一つは糠《ぬか》味噌女房。家庭生活の一番の問題は、なんと言っても食うということ。特に亭主などというものは我儘で贅沢を言う。その亭主を喜ばす最上の方法は何かと言えば、所謂香の物・漬物であります。どんな贅沢な料理を食っても、最後は美味い香の物で茶漬が食べたい。

処がその漬物が実に難しい。糠味噌の如何で味が変って来る。その又糠味噌たるや更に厄介で、しょっちゅう冷いものでひっかき廻していなければならない。これを放ったらかしておくような女房は、絶対に美味い漬物を食わすことが出来ない。

だからその美味い漬物を食わす女房は、最も有難い、至れる女房である。その意味で糠味噌女房と言う。それがいつの間にか、糠味噌臭い、世帯じみたという悪い意味になってしまった。誠に相済まんことであります。

又「女房と畳は新しいほど好い」という言葉がありますが、これもいつかお話しましたように、みんな誤解しております。畳を取り換えるように女房を取り換えることだと思っている。

これはとんでもないことで、誰れが一体畳を取り換えるのかというのです。裏返したり、表だけ新しく取り換えたりするけれども、台は少しも変らない。粧《よそお》いを変えるだけのこと。

然し汚れた畳くらい貧乏臭くて嫌なものはない。従って畳は常に新鮮であって欲しい。同様に女房も然りで、直きに世帯じみて汚らしくなってしまう。だから何年経っても、新婚当時の様な新鮮さを保って欲しいというので、「女房と畳は新しいほど好い」と言うのであります。

実際女というものは、結婚して子供でも出来ると、よれよれの浴衣を寝巻に来て、又それを襁褓《きょうほう》（おしめ、むつきのこと）にするという風に、本当は誠に結構なことなんであるが、物事というものはそれ一つてんばりでもゆかぬので、その辺がなかなか道の難しいところであります。女房ばかりでない。亭主亦然り、直に青年の意気を失いますからね。

第五十七章

正《せい》を以て国を治め、奇《き》を以て兵を用ひ、無事を以て天下を取る。吾れ何を以て其の然《しか》るを知るや、此を以てなり。其れ天下忌諱《きき》多くして、而して民弥《いよい》よ貧しく、人利器多くして国家滋々昏《ますますくら》く、人技巧多くして奇物滋々起り、法令滋々彰《あきらか》にして盗賊多くあり。故に聖人云ふ、我れ無為にして民自ら化し、我れ静を好んで而して民自ら正しく、我れ無事にして而して民自《おのずか》ら富み、我れ無慾にして而して民自ら樸なりと。

【大意】国を治めるには正道をもってし、兵を用いるには奇道をもってするが、それらは所詮は人為にすぎず、天下を治めるには、道を体得している者が無為自然をもってするしかないのだ。なぜ天下を治めるに無為自然をもってするしかないかといえば、次のような理由による。天下に禁令が整備されると人民はますます貧しくなり、何とかしようとして利器が増加すると国はますます混迷を深めてしまう。人民が技巧で何とかしようとすると役に立たない妙なものが出廻って社会が混迷する。法令が整備されると盗賊がはびこるものなのだ。それゆえに聖人はいう。自分が無為自然にしていると人民は自然に感化され、自分が静を好むと人民は自然に正しく治まり、自分が何もしないと人民は自然に富裕になり、自分が無欲にしていると人民は自然に素朴になる、と。

明々白々面白い文章であります。

第五十八章

其の政悶悶《もんもん》たれば、其の民淳淳《じゅんじゅん》たり。其の政察察たれば、其の民缺缺《けつけつ》たり。禍か、福の倚《よ》る所。福か、禍の伏する所。孰《た》れか其の極を知らん。其れ正なきか。正復《ま》た奇となり、善復た妖となる。民の迷へる、其の日固《まこと》に久し。是《ここ》を以て聖人方《ほう》なれども割《さ》かず、廉《かど》あれども劌《き》らず、直なれども肆《の》びず、光れども耀《かがや》かず。

正しいとはどういうことか

いや、自由主義だとか、いや、共産主義だとか、なんとかいう風にはっきり割り切ると、その民も極めて軽薄になるが、なにやら分からん、大自然・造化そのもののような政治、そういう政治をすれば、民の風俗が厚くなる、誠である。「其の政察察たれば」、微に入り細を穿《うが》ってやかましく言うと、その民は、あっちも缺《か》けるこっちも缺けるで、それこそ缺々になってしまう。

まあ一番分かり易いのは税金であります。昔は税金を納めることを誉《ほま》れにしたものであるが、今日は全く仇敵《きゅうてき》の如く、搾取《さくしゅ》される如く思っている。大体政府が悪いので、もう少し国民が楽しんで納められるように、先ず徴税制度を改める必要がある。

これは余り察々とやると、どうしても弱いものいじめになる。だから査察制度などはやめた方が良いのであります。儲かる人間ほど、儲からぬと言って帳尻を誤魔化すことばかりやっている。老子の言う通りである。

「其れ正なきか。正復た奇となり、善復た妖となる」。正しいということはどういうことか。みんな正ならんことを求めるのであるが、しかし正は奇に対する、邪に対する正であって、正また奇となることがある。

正とは、つまり常・普遍・妥当の道、奇とはそれに対する臨機応変の手段的なもの、従って目的を達成する普遍的なものではない。然しその正も、いつか奇となることがある。

例えばあの原子爆弾にしても、アメリカは最初それを造ることによって、戦わずして圧倒しようと考えた。従ってはじめは正であります。処がいつの間にか、負けるものかとソ連もつくり出した。そうなって来ると、だんだんそれが正道から離れて、そのうちに核兵器などというものが生れて来て、とうとう奇襲をやった方が勝ちだということになって、正道を歩むつもりの科学兵器が、いつの間にか奇道になってしまった。「正復た奇となり、善復た妖となる」。

そこで何が何だか分からない。「聖人方なれども割かず」、方は「四角」、聖人はもともとは方できちんとしておるが、角立たない。「廉なれども劌らず」、廉《かど》があるけれども、とがらない。「直なれども肆《の》びず」、真っ直ぐであるけれども、わがままに伸びない。「光れども耀かず」、光があるけれども、きらきらと輝かない。つまり混沌である自然である。

第六十章

大国を治むるは小鮮《しょうせん》を烹《に》るが若し。道を以て天下に莅《のぞ》めば、其の鬼《き》、神《しん》ならず。其の鬼の、神ならざるにあらず、其の神、人を傷《そこな》はざるなり。其の神のみ人を傷はざるに非ず、聖人も亦之を傷はず。其れ両《ふた》つとも相傷わず、故に徳交々帰す。

大国を治めるのは小魚を煮るようなもので、ひっかき廻わしたら、頭も尾もみなとれてしまう。だからそっと形をくずさないように治めるのである。

鬼と神は、鬼は陰で縮む。それが陽に延びてゆくのが神である。合わせて鬼神と言う。鬼神相害《そこな》ってはいかんので、だからマルクス・レーニン主義のような、一方を倒さずには承知しない主義・思想はもっともいけない。

「故に徳交々帰す」。これが本当の大道であり、造化・自然であります。

第六十七章

天下皆我が道大なるも不肖《ふしょう》に似たりと謂ふ。夫れ惟だ大なり、故に不肖に似たり。若し肖たらば、久しいかな、其の細なることや。我に三宝あり、持して而之を保つ。一に曰く慈、二に曰く倹。三に曰く敢て天下の先とならず。慈なり、故に能く勇。倹なり、故に能く広し。敢て天下の先とならず、故に能く器の長と成る。今慈を舎《す》てて且つ勇に、倹を舎てて且つ広く、後を舎てて且つ先んぜば、死せん。

夫れ慈なり、以て戦えば則ち勝ち、以て守れば則ち固し。天すら将に之を救はんとするは、慈を以て之を衛《まも》ればなり。

【大意】 天下の人びとは、自分の説く道があまりにも大きく、何ものにも肖《に》ていないので信じられないという。でも、大きすぎるからこそ何ものにも肖《に》ないのであって、もしも何ものかに肖《に》ていたとすれば、遠の昔に細かくつまらぬものに成り果ててしまっていたろう。自分には三つの宝物があり、それを大切にしている。その一つは慈（いつくしむ心）、その二つは倹（倹約の心）、三つは決して天下の人々の先に立とうとしない心である。いつくしむ心があるゆえに、よく勇気も出てくるし、倹約の心の結果、広く恩恵も与えられるし、決して天下の人びとの先に立とうとしないからこそ、人びとに推《お》されて人びとの長にもなることができるのだ。それに反して、いつくしむ心を捨てて勇敢になろうとし、倹約の心を捨てて広く恩恵を与えようとし、人後にあることをやめて人びとに先んじようとすれば、身を滅ぼすに到ろう。そもそもいつくしみの心から湧き出る勇気によって戦えば勝つし、国の守りも固い。天の助けに救われよう。だから自分は、民をいつくしむ心から湧き出る勇気をもって国を守るのだ。

所謂「老子三宝の章」といって有名な言葉であります。

今日のように全く老子と反対に枝葉末節に走り、徒《いたず》らに唯物的・利己的になり、従って至るところ矛盾・衝突・混乱を来たしてくると、肉体的にも生命的にもだんだん病的になる。「善復た妖となる」で、元来善であり正である筈の文明・文化がそれこそ奇となり妖となる。今日の文明・文化は実に妖性を帯びております。

こういうことを考えると、われわれ老子というものに無限の妙味を感ぜざるを得ないのであって、これを自分の私生活に適用すれば、この唯物的・末梢的混濁の生活の中に本当に自己を回復することが出来るのであります。

こういう風に絶えず現代というもの、われわれの存在というものと結びつけて生きた思索をすれば、読書や学問というものは限り無く面白く又尊いものであります。

『言志四録』と人生

佐藤一斎の人となり

この『言志四録』は幕末から明治にかけて、多くの日本人に量り知るべからざる影響を与えた書物でありまして、西郷南洲なども、『言志四録抄』と言う抜書まで自分で作って愛読しております。

これを書きました佐藤一斎と言う人は、なかなかの人物で、学者としてだけではなく、教育者としても、又哲人としても、実にスケールの大きい人物、知識や地位に捉われない、自由な裕《ゆた》かな人でありました。

当時幕府は朱子学を国教、つまり官学に定め、特に白河楽翁松平定信が政権を執ってからは、異学の禁と称して、朱子学と相容れない思想・学問を禁断したのであります。一斎はその官学の大本山・昌平黌《しょうへいこう》の、謂わば大学総長になった人でありますから、勿論表向はどこまでも朱子学でありましたが、然し決して派閥に拘泥《こうでい》するようなことはなかった。だから当時人呼んで陽朱陰王（表面は朱子学・裏面は陽明学）の学風などと評したのであります。

一斎先生の育ったのは江戸でありますが、出身は美濃・松平家の岩村藩で、お祖父さんの勘平は周軒《しゅうけん》と号し、藩公世嗣《よつぎ》のお守役として仕え、後には家老の職に坐りました。お父さんは信由と言い、これ亦本当の君子人で、一斎先生はその信由の信を貰って、はじめ信行と申しました。通称は幾久蔵、後に捨蔵《すてぞう》とも言い、一斎はその号であります。又「孝子日を愛しむ」の語をとって、愛日楼主人とも号しました。祖父の関係で藩公後嗣《こうし》の学友となりましたが、この人が後に有名な述斎でありま す。丁度その頃幕府代々の学職にあった林家の当主に後継がなかったため、松平定信が見込んで、幕命を以て養嗣《ようし》にしたのであります。

一斎はそういう関係で述斎の後を承《う》けて昌平黌の総長に挙げられ、齢八十八才で亡くなりました。その間各藩の心ある大名や藩士に、実に広汎な影響を与えたのであります。

この一斎先生も、今日の所謂ティーン・エージャーの時代には相当な乱暴者で、よく好い気持ちになってふらふら帰って来る吉原通いの侍共を、途中で待伏せしては、これをたたき伏せたりして喜んでいたと言う。それが十九才の時にしみじみと聖賢の書を読んで翻然《ほんぜん》として前非《ぜんぴ》を悔い、真剣に学問の道に入ったと言うのですから、人間としてもなかなか面白い性格で、興味深い人物であったわけであります。そうして剣道はもとより、弓術・馬術・槍術と、兎に角武芸百般ことごとくやったということであります。

この一斎先生の塾に、一時佐久間象山と山田方谷の二人が同宿しておった事があります。毎晩塾生が寝静まる頃になると、この二人が激論をはじめる。なにしろ象山と言えば、鼻っ柱が強くて独特の見識を持ち、なかなか人に屈しない人物でありますし、方谷亦然りで、人を人とも思わなかったあの河井継之助が、たった一人方谷にだけは頭を下げたというくらいでありますから、兎に角並大抵の男ではない。この二人が議論するのですから、おおよその察しがつくというもので、喧《かしま》しいどころの騒ぎではない。塾生達も困って、とうとう一斎先生のところに説諭《せつゆ》を願いたい、と申し出た。誰か、と言うので、山田と佐久間でございます、と答えたところ、先生じっと考えておられて、そうか、あの二人か。それなら我慢せい、と言われたという。

なかなか味のある裁定で、こういう逸話にもその人の片鱗がうかがわれるのでありまして、幕府当局とも別段波風を立てずに、調子を合わせるところは、ちゃんと調子を合わせ、息を抜くところは、ちゃんと息を抜いて、自由にやったという。線も太いが、包容力も大きい人でありました。

さてこの『言志四録』と申しますのは、先生の年代を逐っての読書録・感想文を分類したもので、最初に「言志録」、中年になって「言志後録」、晩年になって「言志晩録」、最後には「言志耋《てつ》録」、合わせて四録であります。これを読みますと、しみじみと人生を学ばされるのであります。いつかこの講座で紹介したと思いますが、郷里岩村藩のために起草した藩の憲法十七箇条、「重職心得箇条」を読んでも、先生の老熟・練達した識見や心配りがよくうかがわれるのであります。

憤の一字は、是れ進学の機関なり

憤の一字は、是れ進学の機関なり。舜何人ぞや。予《われ》何人ぞや。方《まさ》に是れ憤なり、学は志を立つるより要なるは莫《な》し。而して立志も亦之を強ふべきに非ず。只本心の好む所に従はんのみ。

已《すで》にここに先生らしい風格・見識の一端がうかがわれるのであります。「憤の一字は、是れ進学の機関なり」。憤発こそは学に進む契機である。人間には憤発ということが大事であります。憤発を別の言葉で言えば、立志であります。学はこれより肝要なるものはない。

だが「立志も亦之を強うべきに非ず」。

ただ本心の好むところに従うばかりであります。その人間の素質・内容を離れて、形式的にとってくっつけて見たところで、志にはならない、立志にはならない。本人の持って生れた、本来具備しておる素質・自覚に即さなければいけない。その通りであります。

今日、教育学・道徳学という様なものが、やはりだんだん発達して参りました生理学や医学と関連して、同じことをはっきり断言しております。

この講座でもしばしば触れましたが、われわれの大脳の根柢には間脳というものがあります。これは人間の感情的な機能を司っている。知能の一番大事な部分は大脳皮質でありますが、この皮質は、最近になってだんだん判明したところでは、持って生れた皮質の上に、成長するに従って、新しい二次的な皮質が発達して来る。だから大脳皮質は、本来の旧い皮質と二次的な新皮質とが層をなしておるわけでありまして、その司る機能も亦異っております。

生得本具の皮質は、専《もっぱ》ら本能に即した、つまり本能的欲求・本能的知覚を司る。これに反し新皮質の方は、大きくなるにつれて発達する理性と言った理知の機能を営む。処がこの新皮質と旧皮質との働きが一致しないで、そこにギャップを生ずるようになると、理性的・理知的なものが弱くなる。この二つの皮質が一致してこそ全《まった》き理知の働きが出来、本能的・直観的になって来る。そうなればなるほど、これは自然であります。従って力が強い、つまり本心であります。

大脳のはじめからの皮質や間脳と、二次的な大脳皮質とがぴったりと一致する働き、これが本心に基づく立志であります。だから「立志も亦之を強ふべきに非ず。只本心の好む所に従はんのみ」と言うことは、今のそういう大脳医学や、それに基づく道徳学・教育学の言うところと全く一致するのであります。

道楽の真意

『論語』に「之を知るものは之を好むものに如かず。之を好むものは之を楽しむものに如かず」という語がありますが、確かに名言であります。科学的考察から言っても、ぴったり当っております。

知るという働きは、大脳の新しい皮質が司るものでありますが、然しこれを好むとか、楽しむとかいう事になると、間脳や本具の皮質と一致しなければ成り立たない。好むというのはより多く本能的でありますが、楽しむとなるとこれは後天的というか、理知的なものが加わって来る。

「仁者は山を愛し、知者は水を楽しむ」という語にしてもそうであります。わざわざ愛すると楽しむとを分けている。愛するのは本能的な働き、それに理知が加わって楽しむということになる。そこで知者は楽しむのであります。「仁者は山を愛す」とはより多く本能的な働きでありますから、どうしても愛するのであります。一方は愛すと言ったから、片方は楽しむにした、というようなものでは決してないのであります。古人の的確な観察がはっきり証明されておるのであります。

そういう意味で面白いのが楽しむということであります。学問でも修養でも、これを楽しむという段階に入らなければ、本当ではない。道楽という語がありますが、道が楽しいようにならなくてはいけない。

これは楽道でも宜しいのでありますが、道を楽しむでは、まだそこに、道と人との間に相対的な立場がある。渾然と一致してはじめて道楽になる。その道楽の極致

が極道。人間、何事も道楽から極道にならなければ、本物とは言えないのでありま
す。

こういう立派な言葉を、とんでもないことに応用した日本人の洒落《しゃれ》の能力には、
今更ながらつくづくと感服せざるを得ないのであります。私なども大いに極道を以
て任ずるというか、期しておるのであります。

一つとして無用なものはない

人須《すべから》く自ら省察《せいさつ》すべし、天何の故に我が身を生み出したる。我れをして、果し
て何用に供せしむる。我既に天物。必ず天役有り。天役共《つつし》まざれば、天咎《きゅう》必ず至
らん。省察此に到れば、則ち我が身の苟生《こうせい》すべからざるを知る。

天役は天の与えた役目、苟生《こうせい》は「かりそめに生きる」「訳が分からずに生きる」
こと。天地間のあらゆるものには、必ずそれだけの素質と機能がある。だから「天

に棄物無し」で、天地万物一つとして無用なものはない、無意味なものはない。必ず意味効用がある。

その物の存在にどういう効用があり、意味があるか、ということをつきとめるのが、これを物質で言えば、自然科学であり、人間で言えば、哲学・道徳学、広い意味の人間学というものであります。

自然の物質にして、已《すで》に量るべからざる思いがけない意義・効用がありとすれば、万物の霊長たる人間に於ては尚更のこと、どんな馬鹿でも、自然の物質以上の意義・能力があるのであります。

成る程自然科学の発達は、言うまでもなく実に偉大であります。それに較べて、そういう意味での哲学や人間学というものは恐ろしく後《おく》れております。しかし古来の偉人や哲人を研究すると、人間もここまで至れるものか、とつくづく感じるのであります。

偉人や哲人を待つまでもありませぬ。どんな馬鹿でも、必ずこれは絶対のもの、何億何十億おったって、同じ顔をしたものは一人もいない。すべてが個性的存在・

独自の存在であります。だから絶対に他にない、独自の意義・機能・使命というものがある。これだけは確実であって、ただそれを自覚し、活用することが難しいだけであります。

その点は自然の物質も同じことで、本当にどういう素質や能力があるか、自然科学が次第にそれを解明して来てはおりますけれども、まだまだ無限の前途があるのであります。未来の科学はこの世界をどう変えてゆくか、誠に量るべからざるものがある。それを考えるだけでも楽しいのであります。況やそれよりももっと人間の開発が出来るならば、どんな立派な社会が出来るか、益々これは楽しみであります。

自分の素質・能力を解明する

いつかもお話したと思いますが、私の友人に、酵素の研究では世界的に有名な皆川と言う博士がおります。この人の話によると、人間は勿論のこと、鉢に入っている金魚のような小さな魚でも、その腸の長さは一メートルくらいあるという。われわれ人間になると何丈という長さになるわけであります。

処があのひょろ長い鰻の腸はたった何糎（センチメートル）というくらいの長さに過ぎないという。これは何故かと申しますと、腸というものは食べものを消化するためにあるのですが、鰻の体内には強力な酵素があって、蝦《えび》でも蟹《かに》でも、呑んだら直ぐ消化してしまう。そのために腸の必要が乏しくなって、短くなってしまった。

そこでこの酵素を人間界に応用すれば、いろいろなことが出来るだろうというので、研究してみると、例えば、酵素の溶液に印刷物を入れると、綺麗に元の白紙に戻ってしまう。着物や織物を入れると、色や模様がとれて、すっかり元の白生地に戻ってしまう。

そうなると、もっともまだ実用化する迄には到っておりませぬが、紙でも布でもいくらでも元の生地に還元出来るのですから、内地の山の木を切る必要もなくなるし、わざわざアラスカあたりからパルプを買う必要もなくなってしまう。

この間も東京の師友会で、クロレラの専門家の話があったのですが、最近漸《よう》く事業化の出来る段階に入って来たようであります。ご承知のようにクロレラというのは、金魚鉢に出来る藻と同じ様なもので、太陽と炭酸ガスさえあればどんどん繁殖する。これは人体に必要な栄養を全部持っておって一皿のビフテキを食うよりも、同じ分量のクロレラを食った方が余程消化吸収が良い。おまけに琵琶湖だけの水面があれば、日本の全人口をまかなうだけの必要量が採れるという。この頃ではパンに入れたり、牛乳に入れたり、ヨーグルトの中にもぼつぼつ入れておるそうであります。

ただそういう栄養の高いものでありますから、虫も好いて、人間が応用しようと思うより先に、虫が食ってしまう。だからこれを防がなければいけないし、その他事業としてやる場合には、まだまだ段階もあるようでありますが、兎に角見通しは立つということであります。

このクロレラの溶液に、例えば藁《わら》屑やオガ屑を入れて、これを吸収させると、たちまち栄養価の高い飼料に早変りしてしまう。そうなると、畜産に困っておる飼料などというものはただみたいなものになって、実に有難い話であります。

まあ、ちょっとした一物にして、こういう神秘な内容を持っておるのであります。よく「虫けらのような奴」と言う。あのけらというものは、全くこれは不細工で、形から言うても、色から言うても、どこから見ても、好いところは一つもありませぬが、漢方薬の研究家の話によりますと、これを黒焼きにするかどうかすると、腎臓の特効薬になるそうであります。

だから何物に如何なる素質があるやら、それが何に効くやら分からない。況や人間に於ておやであります。馬鹿に見えても、必ず独自の能力や性質を持っているに違いないのであります。これを応用化学のように活用すれば、どんな役に立つか分からない。

これを研究し、解釈し、役立てる、というのが本当は哲学の任務であります。だから哲学を学ぶということは、カントがどう言ったとか、マルクスがどう言ったとか、などというようなことではない。先ず自分がどういう素質・能力を持ち、如何なる役に立つか、ということを解明することであります。

しかしこれが一番難かしい。顕微鏡をのぞいて、数字を計算して、発見するというわけには参りませぬ。そこに又学問・修業の面白さがあるわけであります。そういうことが分からずにいい加減にする。これほど勿体ないことはない。それこそ「天咎《きゅう》必ず至らん」であります。

閑事と実事を見極める

今人率《おおむ》ね口に多忙を説く。其の為す所を視るに、実事《じつじ》を整頓するには十に一、二。閑事を料理するは十に八、九。又閑事を認めて以て実事と為す。宜《うべ》なり、其の多忙なるや。志有る者、誤りて此の窠《あな》を踏むこと勿れ。

料理はは、か、り、お、さ、む。今の人間は何か言うと、直ぐ忙しい忙しいと言うが、その為しておるところを見ると、内容のある、実のある事を整頓するというのは、ほんの一割か二割で、後は大抵のんきなこと、無駄なことを料理している。そのどうでも好いようなことが八、九十パーセントも占めている。

そうして「又閑事を認めて以て実事と為す」、その閑なこと、無駄なことを、さも内容のある真実のことのように錯覚する。

「宜なり、其の多忙なるや」、当然のことである。

「志有る者、誤りて此の窠を踏むこと勿れ」、この穴に陥ってはならない。

われわれも毎日多忙で困っておるのでありますが、言われてみると、実際無駄なことが多過ぎる。大部分はどうでも好いことばかりであります。くだらない新聞・雑誌・ラジオ・テレビ・電話とこんなものに追い廻されておったのでは、全く無内容で、白痴になってしまう。こういうことは、なにか本当の問題と真剣に取っ組んでみれば、よく分かるのであります。

だから成る可く実事を整頓して、みだりに多忙にならないようにする、ということが本当に大事なことで、これは普通人でもそうでありますから、況んや社長や大臣ともなれば尚更の事であります。

大臣の役割

大臣の職は大綱を統《す》ぶるのみ。日間の瑣事《さじ》は旧套《きゅうとう》に遵依《じゅんい》するも可なり。但し人の発し難きの口を発し、人の処し難きの事を処するは、年間率ね数次に過ぎず。紛《ふん》更労擾《こうろうじょう》を須《もち》ふること勿れ。

大臣というものは、日常大抵のことは昔からありきたりのしきたり、、、、にまかせておいて、ここというところ、恐らく年に五回か六回か、そう何回もあるまい、それをちゃんとやればよい。それならば大臣も十分に閑が出来る。

その通りで、名士などというものくらいお気の毒なものはありませぬ。朝も、起きるか起きないうちに、電話がかかって来る、人がやって来る。天下国家の大事に任ずる大臣から言わせれば、それこそつまらないことを引っ提げてやって来る。雑然たる書類や報告も集まって来る。

そうして朝飯も早々に、会議にも出なければならない。その会議が又実につまらない。顔を合わせて、しばらく煙草を喫って、今日は寒いなあ、というようなことを言っておるうちに、二十分や三十分は直ぐ経ってしまう。

そのうちに属官あたりが出て来て、書類を配って説明をやる。大抵分かり切ったことで、私などもよくいろいろな会議に出るのですが、おおよそつまらないものが多い。

その間にそれ人が死んだ、やれ入院だ、婚礼だ、と見舞やら悔みやらで右往左往する。面会人がつめかけて来るし、宴会にも出なければならない。へとへとになって家に帰り、風呂にでも入ったらすぐ昏睡してしまう、という様な事で大概これは閑事。確かに八、九十パーセントは実事ではない。

だから大臣ともなれば、大抵の事は人に任せておいて良いのであります。そうして年に何回もない大事な事を、はっきりと言明し、且つ断行する。これが出来なければ小臣であります。

どうも近頃は大臣と称する小臣ばかりが増えるので、一向に物事が捗《はかど》らない、はっきりしない。世の中が乱れるのも当然であります。

文明は人間を弱くする

山嶽《さんがく》に登り、川海を渉り、数千里を走る。時有りては露宿《ろしゆく》して寝ねず。時有りては饑《う》えて食はず、寒《こご》えて衣ず。此れは是れ多少実際の学問なり。夫の徒爾《いたずら》に明窓浄几《じようき》、香を焚き書を読むが若きは、恐らく力を得る処少からん。

人間は鍛錬しないといけない。単に坐って本を読むだけで、人物は出来るものではない。これもその通りであります。

アレキシス・カレルは、偉大な医学者であって、哲学者・人類の教師とも言うべき人でありますが、こういうことを言っております。

我々の真の健康・体力・生命力というものは、単なる体格だとか、身長だとかいうものとはまるで違う。十分に考慮せられた栄養を摂取し、十分なる睡眠をとり、規則正しい生活をして、そうして予定に従って訓練を受ける、というような近代スポーツマン的な体格や、或は科学的に育てられた、均斉のとれた肉体などというものは、これは決して当てになるものではない。

真の体力・健康というものはもっと矛盾に富んだ、もっと苛烈な、自然の暑さ・寒さ・飢餓、その他いろいろの不自由や迫害と闘って、自然に鍛え上げるものでなくてはならない。そういう意味から言うならば、文明の知識と技術の下につくり上げられた体力・生命力というものは弱いものである。

文明はだんだん人間を弱くする、とまあ、こういうことを痛論しておるのであります。

私なども四条畷中学の時代には、五年間というものは降っても照っても、あの高野街道を歩いて通いました。雨降りや酷寒には随分と辛い思いをしましたが、一里以上の道程がなければ、自転車に乗ることが許されなかった。

然しこれは実際良い教育であったと思うのであります。その間に私の本当の体力や健康を作ってくれたばかりでなく、歩くことによって物を考える習慣を与えてくれました。だから今でも歩くと物を考える。

その習慣で自動車に乗って動き出すと考える。お蔭で家族は、私が出て十分、二十分までは安心が出来ないと言う。忘れ物をしていつ取りに戻るか分からない。

しかし考えてみれば、その中学時代に歩きながら読んだり、考えたり、空想したりしたことの一体何分の一を実現し得たというのでしょうか。ほんの一部に止まるような気がするのであります。

英語や独逸《ドイツ》語等の外国の本を自由に読みたいものだと思ったが、まあ英・独の二つだけはやっと読める程度で、仏語だの、その他何語だのというのは遂に読めないままであります。

世界地図を見ては、アジアの友邦がみな欧米諸国の植民地になっているのを歎き、大きくなったら、なんとかしてそれらの国の独立運動の志士達と附合ってみたい、というような空想もしました。そうしていつの間にかインドだの、タイだの、ビルマだのの志士達と親しくなっておりました。しかしこれも限られた範囲内での話であります。

或《あるい》は又、禅僧が坐禅などをやって、偉くなるとか、悟道に達するとか言うが、一体禅とはどういうものだろうとか、孔子という人は偉い人だが、儒教とはどういうものだろうとか、まあ、いろいろと考えたものでありますが、その禅や儒教もどうやら分かった程度に過ぎないのであります。

しかしたとえ一部を実現し得たに止まるにしても、歩くということは、確かに物を考えさせてくれることは事実であります。

その点近頃の学生は可哀相であります。どこに行くにも乗物がありますから、馬鹿馬鹿しくって歩けない。その又乗物たるや都会地では殺人的混雑であって、沈思黙考どころか、疲労困憊《こんぱい》ならいい方で、正に命懸けであります。このことだけを考えても、これは文明の犠牲というか、大きな罪悪であります。

われわれは文明になればなるほど、年をとればとるほど、実際一斎の言う如く

「山嶽に登り、川海を渉り、数千百里を走る。時有りては露宿して寝ねず。時有りては饑えて食はず、寒えて衣ず」で多少の鍛錬をしなければいけない。これが実際の学問であります。

私はよく真向法をやりますが、どんな寒い朝でも寝所から出ると、寝巻一枚でやる。これも多少実際の学問であります。

又私は汽車に乗る時には、往々にして東京・大阪間を飲まず食わずで来てしまう。朝飯もとらずに一日飢餓させる。だから私は連れが嫌いなんであります。連れがあると、飯時にはやはり飯を食ってやらなければならないし、お茶も飲んでやらなければならない。人情も大切ですから。こういうのが一つの実際の学問であります。

逆境に処することが学問・修養となる

凡そ遭ふ所の患難変故《かんなんへんこ》、屈辱讒謗《ざんぼう》、払逆《ふつぎやく》の事は、皆天の吾が才を老《ね》らしむる所以にして、砥 礪切磋《しれいせっさ》の地に非ざるは莫し。君子は当に之に処する所以を慮《おもんぱか》るべし。

徒《いたずら》に之を免れんと欲するは不可なり。

一体遭うところの患難変故や屈辱讒謗、或は払逆の事は、自分の気持ちにもとり逆うというようなことは、みな天の吾が才を練らしむ所以である。

この場合の老はおいしむではなくて、ねらしむ、つまり「老手」の老で、練れた、練達したという意味であります。人間は年をとって、経験を積んで、思索が深くなるとどうしても考える。だから死んだお父さんのことを「先考」と申します。「老」と「考」は同じ意味であります。老いると「ぼける」と同じではだめであります。「砥礪切磋の地に非ざるは莫し」。砥は砥石《といし》、礪は粗砥、切は切る、磋はやすり。いろいろの目に遇うが好い。いろいろの苦労をするが好い。事毎に自分の気持ちに逆らう様な目に遇ってみることが、吾が才を練達ならしむる所以でないものはない。そうしてどうこれに処してゆくか、という事が学問・修養であって、徒らにこれを逃れようと思うのは不可である。

実際その通りであります。少し自分が出来てくれば、人が自分をそしる場合でも、おおよそピントの外れた苦笑いするようなものが大部分であります。どうかすると褒めてくれてもそうです。実につまらない、下らぬことを褒めるわい、と思うようなことが多い。

毀誉褒貶《きよほうへん》共に実につまらないものが多くって、そこで自分の見識や度胸が出来てくる。だからいろいろな目に遇う方が好いのであります。私なども毀誉褒貶のたこが出来たくらいで、お蔭で良い学問になったと思っております。

処が人間というものは微妙なもので、反面又次のような特質とか、缺陥《けっかん》もあるのであります。

爵禄《しゃくろく》を辞するは易く、小利に動かされざるは難し。

爵禄を辞するなどということは、大層難しいことのようでありますが、却《かえ》って張合があるから、愉快であります。大臣になって有難がるよりは、断ってすましてお る方が余程気持が好い。これは張合があるからで、案外出来ないこともないのであります。

処が小利というものは余り意に介さない、理性にかかわらない、ごまかせる。それだけに人間小利に動かされる場合が多い。人間心理のデリカシーと言いますか、微妙なところであります。

治安の日久しく、楽事漸《ようや》く多し、勢然るなり、勢の趨《おもむ》く所は即ち天なり。士女聚《しゅ》懽《かん》、飲讌《いんえん》歌舞の如きは在《ところ》々之れ有り。固より得て禁止すべからず。而《しか》るに乃《すなわ》ち強《し》ひて之を禁ずれば、則ち人気抑欝《よくうつ》して発洩《はつえい》する所無く、必ず伏して邪慝《じゃとく》と為り、蔵《かく》れて凶姦と為り、或は結びて疾疢《しっちん》毒瘡《どくそう》と為り、其の害殊《こと》に甚だし。為政者但々当に人情を斟酌《しんしゃく》して、之が操縦を為し、之を禁《きん》不《ふ》禁《きん》の間に置き、其れをして過甚《かじん》に至らざらしむべし。是れ亦時に赴くの政の然りと為すところなり。

「治安の日久しく」、世の中が治まって、太平になって、もう大分日が経つ。

「楽事漸く多し」、生活の楽しみ事がだんだん多くなった。勢がそうなっているのである。勢の趨く所は即ち天である。

男女が集まって飲んだり、酒盛りしたり、歌ったり、舞ったり、というようなことは到る処にある。もとより禁止するなどということは出来ない。現在がそうであります。レジャー・ブームと言って、どこもかしこも如何にして生活をエンジョイするか、ということのために大衆娯楽産業というものが大発達、民衆は老いも若きも、如何にして生活を楽しむか、ということで汲々としている。それは勢であって、固より禁止の出来ることではない。

それを強いて禁ずれば、則ち人の気持が抑欝《よくうつ》して発散する所がない。だから必ず潜伏して「邪慝と為り」、慝は「かくれたる心」で、悪・罪という字、邪悪になり、かくれて凶姦となり、或は結び合って疾疢毒瘡となり、その害は殊に甚だしい。

為政者はそこの人情を斟酌し、操縦し、「之を禁不禁の間に置き」、禁ずるでもない、禁じないでもない、実に上手な表現であります。

「其れをして過甚に至らざらしむべし。是れ亦時に赴くの政の然りと為すところ」、こういうことはやはり書物を読んで、古人の名言に接しなければ、会得出来るものではありませぬ。

「禁不禁の間に置き」、実に名言であります。日本の今日の悩みは、政治的に言っても、社会的に言っても、恐らくこの一節に尽きるでありましょう。

これを禁ずるというと、人気抑鬱して、発揚するところがない。例えば今の青年が社会に出ても、明治時代の人のように活動する、出世する、そういう希望がない。その点欲望を抑鬱している。

この間も日本銀行の或る人から聞いたのでありますが、今のような調子で変化なく進むとすれば、昨年入った新銀行員が課長になるのに五十年かかる。勿論その間に死ぬ人もあり、病気になる人もあり、転職する人もある。又優秀な人は抜擢される、というようなこともありますから、実際はそれ程でもありますまいが、兎に角これでは堪らない。だからこそ、部長・課長は見込はないが、というような歌が流行る。こういうところを政治家はよく考えなければならないのであります。

国際的にもそうでありまして、大国に権力を握られてしまって、動きがとれない。だから内攻、して革命騒動ばかり起こる。鬱屈《うっくつ》すれば邪慝になる、というようなことはみな分かっておりながら、どうもやめられないということになっている。放っておけば、腐ったり、動乱になったりするのは決まり切っておるのでありま す。病気でも鬱屈すると、本当にいろいろな吹出物などが出て参ります。活動の余地を与え、希望を与えて、人心をして倦まざらしめないようにする。「是れ亦時に赴くの政の然りと為すところ」でなければならないのであります。

凡そ年間の人事万端、算《かぞ》へ来れば十中の七は無用なり。但々人平生に処し、心寄する所無ければ、則ち間居して不善を為すも亦少からず。今貴賤男女を連ね、率《おおむ》ね無用に纏綿《てんめん》駆役せられて以て日を渉《わた》れば、則ち念不善に及ぶ者或は少し。此れも亦其の用処なり。蓋《けだ》し治安の世界、然らざるを得ざるも亦理勢なり。

本文は前の文章と好一対でありまして、おおむね無用なことにまつわられ、駆りたてられて、そうしてうかうか、ばたばたと日を渉っておる。それでもそのお蔭で「念不善に及ぶ者或は少し」で、悪いことを考える暇がない。「此れも亦其の用処なり」。つまらないことに忙しくするということは、誠に無駄なことには違いないが、然し考えてみると、その無駄なことをやって、忙しく立働いておるから悪いことをしない。従ってその無駄な、多忙な仕事も亦用処であります。

「蓋し治安の世界、然らざるを得ざるも亦理勢なり」。道理のある、理屈のある、これは時の働き、つまり時勢である。だからこういう治安の世界には、無駄なことでもなにかやっている、ということは又無意義ではない。なかなか老練な観察であります。

時を惜しむ

人少壮の時に方《あた》りては惜陰《せきいん》を知らず。知ると雖も太《はなは》だしく惜しむに至らず。四十已後《いご》を過ぎて、始めて惜陰を知る。既に知るの時は精力漸《ようや》く耗《へ》る。故《ゆえ》に人の学を為すには、須《すべから》く時に及んで立志勉励を要すべし。しからざれば則ち百悔《ひゃっかい》するも亦竟《つい》に益無からん。

みなそうであります。若い時はどうしても時を惜しむということを知らない。知っておっても、非常に惜しむというところまではゆかない。四十を過ぎるというと、はじめて時間の惜しいことが分かる。

然し「既に知るの時は精力漸く耗る」。なんでも物の分かる頃には、もう追っつかないという、丁度ガンと同じことであります。年をとってしみじみと物を考える頃になると、もうなにも出来ない。それが人間の常であります。

前にも申しましたが、医学の発達は遂に人間を五十年から六十年、男は六十五年、女は七十年にまだプラス、というところまで平均寿命を延ばしました。まだまだ八十、九十、百迄生かせることも難しくはないとのことであります。

しかし如何なる医学者も、人間の精神をこれにマッチさせる事が出来るかどうか、ということについてはとても自信がない。たとえ百まで生きても、精神が伴わなければ、呆けて生きなければならない。

だから、今後の人類の大問題は、肉体と相俟《ま》って、如何にして精神の健康を百までで保たせるか、ということにかかって来ると思うのであります。そうなると、問題は生理ではなくって、心理・学問・修養になって来る。今後は、如何に死するかということが、従来とは別の意味で大きな課題になって参りました。

よりよく死ぬための生き方

聖人は死に安んず。賢人は死を分とす。常人は死を畏る。

【大意】聖人は安心立命して死ぬ。賢人は当然の理として死ぬ。常人は生死の理を明らかにし得ないので、死ぬことを畏れる。

今までは常人は死ぬことを恐れたが、これからは死ぬ能わざることを恐れるようになって来る。これも文明の変化であります。

気節の士、貞烈の婦、其の心に激する所有れば敢て死を畏れず。死を分とする者の次なり。血気の勇・死を軽んじ、狂惑の夫・死を甘んずるは、則ち死を畏るる者より下る。又釈老の徒の如き、死に処して頗《すこぶ》る自得有り。然れども其の学は畢《ひっ》竟《きょう》亦死を畏《おそ》るる由りして来る。独り極大老人の生気全く尽き、澆《こう》然として病無く、以て終る者は則ち死に安んずる者と異る無きのみ。

誠にその通りで、極大老人、本当に生きつくした、長生きした老人というものは、大悟徹底した人と同じ様な死に方をするものであります。実は逆に、悟道者は極大老人と同様の死に方をするというべきでありましょう。

死を畏るゝは生後の情なり。軀殻《くかく》有りて而る後に是の情有り。死を畏れざるは生前の性なり。軀殻を離れて始めて是の性を見る。人須らく死を畏れざるの理を死を畏るゝの中に自得すべし。復性に庶《ちか》からんか。

【大意】死を畏れるのは、人が生まれてから生ずる情である。肉体があって始めてこの心情があるのだ。死を畏れないのは生まれる前の性である。肉体から離れて、始めてこの性がわかる。人は、死は畏るべきでないという理を、死を畏れる中、つまり生後に体得すべきである。そうあってこそ、人欲を除き去り、天理の本性に立ちかえったといえよう。

復性は本性に返ること、性命の本体に即することであります。又仏家・禅家とは違った表現方法で、同じ真理をよく言い表わしております。これは一つの復性であります。

現実を注脚として本を読む

経を読む時に方《あた》りては、須《すべか》らく我が遭ふ所の人情事変を把《と》りて注脚と做《な》すべし。事に処する時に臨みては、則ち須らく倒《さかさ》に聖賢の言語を把《と》りて注脚と做《な》すべし。事理融会し、学問日用を離れざるの意思を見得るに庶《ちか》からんか。

本を読む時には、経書を読む時には、自分が体験する所の人情事変といった現実問題を、その注脚とする、つまりそれで解釈する。事に処する時には、聖賢の言語・文章、それを以て注脚とする。そうすると、事と理、現実の問題と真理が融け合って、学問というものが空虚にならない。従って、「学問日用を離れざるの意思を見得るに庶からんか」、日常生活の意味が分かるであろう。これが本当の学問・修業というものであります。

実際難事に処すれば処する程、教わるのが古人・聖賢の書物であります。今日の政教の頽廃《たいはい》は、多分にその局に当たる人達が勉強しない、学問しないということに原因している。

大衆社会にはエリートが必要

戦国の英雄伊勢新九郎北条早雲が法師に『六韜三略《りくとうさんりやく》』を講ぜしめて、その冒頭「夫《そ》れ主将の法は務めて英雄の心を攬《ゆす》り、有功を賞禄し、志を衆に通ず」(上略)と読み上げた途端、早雲は「ようし、分かった」と言って書を閉じさせたという逸話があります。

実際私共が今日いろいろのことを経験し、観察して、考えてみましても、仮りに総理大臣として、実業家でも政治家でも実はみなそうでありますが、「務めて英雄の心を攬《ゆす》り」、つまらない人間を追い廻しておっても仕方がないので、優秀な人間、即ちエリートを励まし、これに酬《むく》いて、そうして同時にわが為さんとする「志を衆に通ずる」。早雲ではありませぬが、これで十分であります。すべてが片づく。

世界を眺めても、今迄は大衆と組織が常に主体になっておりました。しかし最近変って来て、いつの間にかエリートの時代になって参りました。

これは当然のことで、大衆を対象にやっておれば、政治でもなんでも大衆に迎合するようになり、そのため低級になり、堕落して、まとまりがつかなくなってしまう。真の民主主義というものは、出来るだけ遺漏《いろう》のないようにエリートを見つけ出して、これを養成し、組織して、そうして賢明な指導を行わしめて、大衆を向上させてゆくにある。従って民衆化すればするほどエリートが必要であります。

もっと大きな全般の問題、文明・文化といった面から考えてみても、同じことが言えるのであります。学問でも、芸術でも、発明でも、真に価値あるものは、絶対に大衆からは生まれない。必ず勝れた個人、即ちエリートを通じる以外生まれて来ない。個人が大衆を高め、これに幸福を与える。そうして文明・文化が進んでゆくのであります。

今の日本の如きは、そこに大きな錯覚を起こして、思想的にも実際的にも、時勢の進歩に停滞しておる。一斎先生の観察するところ、論ずるところ、今日只今から考察しても、正しくその通りであります。

歴史の読み方

一部の歴史は皆形迹《けいせき》を伝えて情実伝わらず。史を読む者須く形迹に就《つ》きて、以て情実を討《たづ》ね出だすを要すべし。

【大意】一連の歴史書は外にあらわれたあとかたを伝えているが、その内にある事実の真相を伝えていないものだ。だから歴史を読む者は、そのあとかたを通して事情真相を究明する必要がある。

世間に伝わるところというものは本当のことがなかなか伝わらない。だから史を読むものはよくこれを弁《わきま》えておかなければ、本当のことが分からなくなる。今日只今の記録でも発表でも実に好い加減なものが多い。「真相はこうだ」などと戦後よく流行りましたが、その真相が又でたらめで、大抵手前味噌が多いのであります。そういうことを考えると、歴史などというものはおおよそ当てにはならないのであります。「尽《ことごと》く書を信ずれば、書無きに如かず」という語がありますが、真実を把握するということは実に難しい。

【解説】「尽く書を信ずれば、書無きに如かず」は、もともとは『書経』の記述を尽《ことごと》くは信ずるな、の意。広く書物にあることを尽くは信ずるな、の意に用いている。

況《いわん》や宣伝と謀略の時代であります。思うに人類はじまって以来、今日の記録や歴史くらい当てにならない、眉唾《まゆつば》ものはちょっと少いでありましょう。余程眼光紙背《しはい》に徹する底の識見を養わなければ、世の中の真実が分からない。思想・学問も亦然りであります。衆論紛々としてなかなか真実をつきとめることが難しい。

兎に角今日ほど記録や文章などというものの当てにはならない時代はないのであります。恐らくは後世の歴史家は困るでありましょう。そういう意味で、学問というものが益々難しくなって参りました。それだけにこういう書物を読む味も深く切実であると言えるのであります。

内外共に多難なる日本

八月はもう皆さんにお会い出来ないかと思っておりましたところ、はからずも神職兼務教職員協議会の全国大会が当地で行われ、記念講演をすることになりまして、丁度好い機会でありますので、『言志録』の続章をお話できることになりました。

さて、この秋はいろいろの問題で日本が又物情騒然となるであろうと思うのであります。日々の新聞をご覧になっても分かりますように、例えば今、ソ連に参っておりますシベリア視察団が意見を発表して、大いにソ連の計画に乗ろう、という意志表示をしております。それがすでにもう刺戟を致しまして、シベリアの森林資源を開発するために、日本から労働力を提供しようとか、或は石油のパイプ・ライン敷設に協力しようとか、いろいろのことが発表されております。

昨晩もアジア問題研究の専門家が十名ばかり集まって、研究会を開いたのでありますが、その席上でも物論囂々《ごうごう》たるものでありました。

第一、シベリアと言えば、百万人に近い日本人が不当に抑留され酷使されて、多くの人命を損じておるのであります。そういう所に新たなる形で労働力を提供しよう、などという事は一体何事か。のみならずシベリアは酷寒の未開発地で、衛生施設は言うに及ばず、医療施設もなければ、娯楽施設もない。そういう所に日本人を連れて行ってどうするのだと。

又パイプ・ラインの敷設にしても、これは軍事専門家が言うのでありますが、その代価に石油を出して貰うという様な生優しい問題ではない。若しこれが完成すれば、ソ連の極東軍事力は四十パーセント位増強する事になる。これは一体どういう事になるか。すでにアメリカあたりは、若しそういう事になれば、日本を防衛する自信を喪失する、などと言っておるのであります。

ソ連の意図は決して経済は経済、貿易は貿易であって、政治や思想とは別物だ、という様な単純なものではない。複雑な政治的・謀略的意図が伏在する事は明瞭である。それを一体どう処置しようと言うのか。

第一日本は、経済自由化に備えて、まだなんの用意も出来ておらないではないか。肝腎の東南アジア開発の問題にしても、一向に具体的・積極的に進めようともせずに、空手形に終っておる。従ってそういうシベリア開発などというものとっくむような能力はない。

と、まあこういう議論が次から次へと、本当に物論囂々といった有様でありました。恐らくこれは使節団が帰国し、いろいろな活動が始まるにつれて、政界・財界は二派に分かれて、悶着を起こすであろう、と今から手にとるように予見されるのであります。

これはほんの一例で、日韓問題でもそうであります。韓国側からは請求権、その他経済協力等といろいろな名目で何億ドル寄こせとか、いや、それは高過ぎるから三億ドルにしておけとか、夜店の商人のような交渉をやっておるのであります。

若しかりに日本が韓国に或る程度の妥協をして、これを取りまとめたとすると、中共はどう出て来るか。現に中共は国交平常化後八百億ドルもの請求をする、とおどしておるのであります。それだけで日本は破産してしまいます。

こういう問題がいろいろと伏在しておるのであります。どの一つを取上げても、それからそれへと連鎖反応を起こして、厄介なことになる。そうなると政治家とか評論家とかいうものはわけが分からなくなり、枝葉末節の問題に捉えられて、大局を忘れ、鞘《さや》当てばかりやって混乱に陥ってしまうに違いないのであります。

如何なる問題も結局は心の問題に帰する

これを救うにはどうすれば良いか。要するに心が出来なければ駄目だということになる。問題が複雑になればなるほど、困難になればなるほど、精神的なものを除いては解決がつかない。政治的な問題も、社会的な問題も、つきつめれば心の問題に帰する。ということは識見や信念の問題になるということで、従って世の中が難しくなればなるほど、われわれは平生に於て心を練っておくことが大事であります。

これは独り当局者のみならず、国民にも心掛けさせなければいけない。これを放っておくと、いろいろの煽動者に指嗾《しそう》されて、とんでもない議論や運動を巻き起こす。これが益々事態を紛糾させ、自滅に導く結果になる。従ってわれわれとしては、世の中が難しくなればなるほど心を養って、教養を厚くし、見識や信念を高くして、それを少しでも自分の手に及ぶ範囲に拡げる、所謂一灯行を万灯行にしなければならないのであります。

処がそういうことは平生の修練によることで、必要だからと言って俄《にわ》かに出来るものではない。平生に於ける学問修養の必要な所以《ゆえん》であります。

心理学者の実験によると、インスタントというようなことは如何に駄目なものであるかという一例でありますが、同じような程度の子供を二類に分ける。そうして一類の子供には、眠っておる間にその眠りを破らない程度に、教えようと思うことを音盤に吹込んで、何回も何回も繰返して耳の側で聞かせる。もう一類の子供には全然それをやらない。そうしておいて、今度改めてその二類の子供を一緒にして、音盤に吹込んだ事を教える。すると能力に相違はないのに、眠っておる間に聞かされた子供は、聞かされなかった子供に比してはるかによく憶えると言う。誠に面白い実験であります。

又或る音曲の大家は、この人は琴の名人でありますが、その名人の話によると、琴の材には桐が良いそうでありまして、従って良い琴を作るには良い桐材を物色しなければならない。処がその良い桐材をどこから選ぶかと申しますと、清浄静寂で塵のかからない、地味《ちみ》の豊かな土地で、しかも遠からぬところに川が流れておって、日ざしの良い土地。尚その上に寺があって、朝に夕に梵鐘《ぼんしょう》の音の聞えるところ、そういう土地に生えた桐が一番良いのだそうであります。

寺のすぐれた鐘の音の朝に夕にしみこんだ木が、琴になっても美しい音色を出す。人間の子供どころの話ではありませぬ。桐の木という一物にしてしかり。考えてみれば恐ろしい話でもあります。

茶でもそうであります。土一升金一升《いっしょう》と申すように、本当に良いお茶は、茶一斤金一斤と言われるくらい高価なものでありますが、しかし良い茶はそう簡単に出来るものではないのであります。

今日茶所と言えば、量的には静岡でありまして、一応茶を栽培しておると言える農家が約三千軒あるそうであります。しかしその三千軒の中で本当に良い茶を作れる農家は、十軒余りに過ぎないと言われております。

その良い茶はやはり清浄静寂で塵のかからない地味の豊かなところで、側に川が流れておって、川霧がかかる。その川霧が朝日を受けておもむろに晴れ渡る。そういう土地が良い。空気が汚染されては良い茶は出来ない。

というとことになると、茶摘み娘の唄声も、或は茶の芽に何か意義があるかも知れませぬ。

要するに物理も真理も変らぬということで、人間も茶の木も、桐の木もみな同じことであります。出来得るならばわれわれ人間も、清浄静寂の地に暮すに如くはないのであります。

それが出来なければ、せめて心境だけでも清浄にして、子供の如く、桐の木の如く、断えず繰返し繰返し善言・善説を聞く必要がある、道を学ぶ必要がある。それが久しうして、無意識のうちに自分の心境が肥えてゆく。やがてそれが立派な思想になり、見識になり、信念になって、政治に、経済に、又教育に、あらゆる面に溢れて、正しい道業になる。

こうならなければならないと悟る時に、読書・学習というものが如何に尊いか、ということを今更の如く味識することが出来るわけであります。

単なる知識というものはつまらない。知識でもやはり味を持った知識にならなければならない。そのためにはどうしても情緒というものが必要なのであります。誠にお説の通りであります。情緒の豊かな心に育まれて、知識も本当のものになる。

そういう意味から申しますと、一斎のこの『言志録』など、古来どれくらい多くの人が繰返し繰返し読み、味わい、実行して来たか分からない。それだけに『言志録』そのものに偉大な力と味があるわけであります。

精神と体を調和させる

一耆宿《きしゅく》有り。好んで書を読む。飲食を除くの外、手に巻を釈《す》てず。以て老に至る。人皆篤学と称す。余を以て之を視るに、恐らくは事を済さざらん。渠《か》れ其の心常に放ちて書上に在り。収めて腔子裏《こうしり》に在らず。人五官の用は、須く均斉《きんせい》に之を役すべし。而るに渠《か》れは精神を耑《もっぱ》ら目に注ぎ、目偏へに其の労を受け、而て精神も亦従って昏瞶《こんがい》す。此くの如きは則ち能く書を看ると雖《いえど》も、決して深造自得する能はず。便《すなわ》ち除《た》だ是れ放心のみ。且つ孔門の教への如き、終食より造次顛沛《ぞうじてんぱい》に至るまで、敢て仁に違はず。試みに思へ。渠れの一生手に巻を釈《す》てざるも、放心此くの如くして、能く仁に違はざるや否やを。

「一耆宿有り」。耆宿は年功を積んだエキスパート、或は学者・知識人。一人の年功を積んだ学者、知識人と言われる人があった。好んで書を読み、飲食の時の外は書物を手から離さなかった。そうして老に至った。人はみな篤学者と称した。然し自分の見るところでは、恐らくそういう人は事をなす事が出来ないであろう。彼はその心を常に書上に放って、おさめて胸の中にない。心を機械的知識の方に放ってしまって、胸の中に安定させておらない。

人間の眼・耳・鼻・口・皮膚の五官というものは均斉をとって、調和をとって働かさなければならない。一斎の時代は生理学などというものは今日の様にはなかったのでありますが、事実はその通りであります。生理学・医学から申しましても、われわれの身体・肉体というものは実に見事な自律的統一体と言うべきもので、その各々が各々と、又全体と調和をとって、はじめて生命作用が営まれる。心臓・血管・淋巴《リンパ》腺、その他あらゆる器官が一致して、美しい調和を保って、活動している。反対にこれがばらばらに調和を失うと、疲労し易く、又病気になり易い。

その耆宿は精神を専《もっぱ》ら目に注いでいるために、目の疲れることは勿論、肝腎の精神までが昏瞶《こんかい》してしまう。昏は目の眩むさま、瞶は耳が潰れて、聞えなくなる様であります。こういうことではいくら書物を読んでも、決して深く造《いた》り、自分で自分を掴むことが出来ない。心を書というものに放ってしまって、内的統一を失ってしまっておるだけである。

一体孔子の教えというものは、食事をし終えることから、造次顚沛のわずかな間に至る迄、仁に違わないということが肝腎で、ただ書物を読んで、知識をかき集めてみたところで、更にこれは徳というものに関しない。徳というものを為さなければ仁にはならない。仁というものは万物を包容し、生成化育してゆく働きで、雑然たる知識や、ただの物識り・博識というものでは本当の生命に一致しない。

こういうことを当時の大学総長である佐藤一斎先生が道破しておる。今日もこういう大学総長が欲しいものであります。

孔門の諸子、或は誾々如《ぎんぎんじょ》たり。或は行々如《こうこうじょ》たり。或は侃々如《かんかんじょ》たり。気象何等の剛直明快ぞや。今の学者は、終歳《しゅうさい》、故紙陳編《こしちんぺん》の駆役する所と為り、神気奄々《えんえん》として奮はず、一種衰颯《すいさつ》の気象を養成す。孔門の諸子と霄壌《しょうじょう》たり。

闇々如＝態度言葉遣い等の極めて和やかに、調子の整っておる様。行々加＝行動的な、勇気・気概のある形容詞。侃々如＝普通には打算的な卑怯なところのない、信ずるところを率直に披瀝《ひれき》する様。他に闇々如とよく似て、極めて礼節の整った様を形容するに用いる。故紙＝古い書物。神気奄々＝精神力のない、ぐったりした気。

要するに本当に学問をするものは潑剌として、生命力や精神力が高まっておらなければならない。精神と身体とが一つになって、躍動しておらなければならないという説であります。

人間の真価は小言に現れる

己を修めて以て敬し、以て人を安んじ、以て百姓《ひゃくせい》を安んず。壱に是れ天心の流注なり。

『論語』に子路が孔子に尋ねたことがある。人間の理想、又人間の進むべき過程について。その時に孔子は「己を修めて以て敬す」と答えられた。処《ところ》が子路という人は、生民を救済するというようなことに気概を持った、天下国家に志のあった人でありますから、「己を修めて以て敬す」というくらいでは物足りない。だから「それだけですか」と尋ねた。

すると孔子が「己を修めて以て人を安んず」、自分だけではない、他人をも安んずるのだと答えた。子路は再び訊ねた「それだけですか」と。

孔子は「己を修めて以て百姓を安んず」。広く人民・民衆を安んずるのだと答えた後、更に続けられた。「己を修めて以て百姓を安んずるは、堯舜もそれ猶諸れ病めり」と。己を修めて以て百姓を安んずるは、堯舜のような偉大な聖人達でもなかなか出来ないので、苦にされた、こう言って深く子路を戒められたのであります。

兎角人間というものは大言壮語して、着実な工夫を忘れて、景気の好い大きなことにはしり勝ちであります。しかし人間の真価というようなものは却って小事に現われるもので、従って大きなことになると案外当てにならない。民百姓を安んずるとか、全人類の幸福だとか、大きなことはこれは青二才でも言える。壇上に立って、叱咤怒号して、あっぱれ大政治家のようなことを言うのは簡単なことであります。

しかし大きなことを言うからといって、それがその人の本当の人物かと言うと、全くそうではない。言論・主張等というものはその人の真価・実質と関係なく、誰にも言えることであります。

従ってそういうことよりも、自分の関係しておる、例えば、一つの家庭を治めるというようなことの方が、或は己の身を修めるということの方が、はるかに難しいのであります。

人間の真価はなんでもない小事に現われる。これについては古今東西いろいろの識者が時に触れて論じておりますが、誠にその通りであります。真に人を安んずるとか、百姓を安んずるとかいうことは、天心の流注、人間に自ら備っておるところの本然《ほんぜん》の心、良心というものの自らなる流露によって、はじめて出来ることであります。

天心・誠・良心というものはこれは不思議なものであります。明治二十五年の選挙は議会はじまって以来の大へんな選挙でありました。当局並びに与党は猛烈な弾圧や選挙干渉をやり、血を流してようやく選挙に勝ったのであります。

そうして出来たその後の内閣で、野党は一斉に起って、政府の大攻撃をもくろんだ。攻撃の的になったのが内務大臣であります。政府・与党はこのポストに至誠の権化とも言うべき副島種臣《たねおみ》伯を据えて、これに対抗した。

やがて議会がはじまったが、果せるかな喧々囂々《ごうごう》たる野党の総攻撃であります。副島内務大臣が静々と壇上に上がる。どんな答弁をするか、思わずみな固唾《かたず》をのんで見守った。さて謹厳な副島大臣、恭々《うやうや》しくみんなの方を見つめていとも簡単に「昌言《しょうげん》恭々しく拝します」、そう言ってお辞儀をされた。満場しーんとして、つりこまれたのかみんな一緒にお辞儀をした。たったそれだけ言って、副島伯はことことと壇上を下りてしまった。こうして兎に角その時は済んでしまったということであります。

こういうことは真似をしようとしても出来ることではありませぬ。所謂天心の流注、その人の人格・至誠の自らなる発露がしからしむるのであります。これが普通の人であったならば、「なにを言いやがるか」とか、「人を馬鹿にするな」とか、それこそ大へんなことになるところであります。

貧乏を苦にしすぎる現代人

明治時代にはまだそういう人が沢山残っておりました。ついこの間もめずらしい会がありまして、それは樺山資英《すけひで》氏の追悼会で、生前故人と親しかった人々が集まって、故人を偲んだのでありますが、私にも是非追憶の話をせよと言う。さて故人を追想しておる中に色々と昔のことが思い出されて、感慨に耽《ふけ》ったのであります。

私がまだ若かった頃のことでありますが、或る時当時宮内大臣の職にあった牧野伸顕《のぶあき／しんけん》伯にお会いしたことがあります。牧野さんと言えば、維新の元勲大久保利通の次男でありますが、その時こういうことを言われました。

自分は最近父の遺稿だの日記だのを整理して、（後に『大久保利通日記』となって出版された）つくづく感ずることがある。それは、父の若い時代はみんな実に恐るべき貧乏育ちであったということである。実際その通りで、西郷南洲などという人の少年の頃は、ぼろ着物に破れ草履《ぞうり》をはいて、惨澹《さんたん》たる有様であった。もっとも長じて後の南洲は礼儀の正しい人で、ちょっと人に会うにも、きちんと羽織・袴をつけなければ人前に出なかったという。だから南洲を知る人はよくあの上野の銅像を見て、あんなだらしのない南洲ではなかった。ああいう服装にするのならば、いっそ少年の時の銅像にした方がよかった、と慨嘆するのであります。

南洲と言えば、勝海舟を思い出しますが、海舟などの貧乏になると、とても今日のわれわれには想像も出来ないものであります。

当時、海舟はいち早く新知識というものに目をつけたのでありますが、そのためには蘭学をやらなければならない。しかし辞引がない。たまたま本屋で見つけたが、高くて手が出ない。苦心惨澹してやっと金を整えて本屋に行ったところ、買いとられた後であった。そこで買いとった人の住所を探し、多額の借賃を出して、これを借りて来た。そうして食うものも食わずにこれを写しとった。しかも二通写しとって、その一通を売り、勉強しておるのであります。

当時の日記を読むと、母が病気で弟妹もいとけない。自分一人ではどうにもならない。めしを炊くにも薪《まき》がない。とうとう縁側をはぎ、柱をけずって、これを燃料にして飯を炊いた。「困難ここに至って又感激を生ず」と書いている。兎に角ひどい貧乏で、然もその貧乏を少しも苦にしていない。

牧野さんは続けて、「どうもこの頃の人間は貧乏を少し苦にし過ぎますね」と。いかにもその通りであります。

それから、当時の人はよく書を読んでいる。それも、人格を練る、識見を養うという様な立派な修養の書物ばかりである。われわれのような知識だとか、娯楽だとかの本ばかり読むのとは大変な違いである、と言い更に、第三に気付いたことは、自分の父なども切々と手紙の中にも述べておるが、各藩に亘って広く人材を求め探している。維新の大業を翼賛して、国家万民を本当に救うことの出来るような、立派な器量の人物はおらないか、と各藩相互にたずね合っておる。そうしてしきりに推薦を求めたり、或は自ら推薦をしたりしておる。

明治維新のことだから、法制をつくらなければならぬ、軍艦をつくらなければならぬ、鉄道も敷かなければならぬ。そこで功利的な要求から物の役に立つような人間ばかり求めて、人間の器量などということは問題にしなかったと思いがちであるが、決してそうではない。

処が近頃は物の役に立つ人間ばかり求めて、人間の器量などというものはすっかり忘れてしまった。そういうところに大きな相違があると強く感ずる、とまあこういう事を申した後、私の郷里の薩摩にもそういう人物が少くなったが、ここに一人ある、樺山資英という人で、当時の風を今に伝えておる人材の一人である。そう言って紹介されたのがこの樺山資英氏でありました。

その後樺山氏とは亡くなるまで親しくしたのでありますが、誠に名利に恬淡《てんたん》たる人で、気に入らなければ大臣になることさえ拒み、平然として更に未練がなかった。そういう人でありながら、人が大層なついた。今日でもよくあることでありますが、派閥とかなんとかでもめる様な時には、この樺山さんが出られると、どんな厄介事も納まったということです。

これも徳の致すところ、風格が物を言ったのであります。天心の流注であります。

こだわりを捨てる

人は明快灑落《しゃ》の処無かるべからず。徒爾に畏縮趑趄《ししょ》するが如きは只々是れ死敬。甚事《なにごと》をか済し得ん。

灑は洗う。落はおおまかで、おちるという意味ではない。落成という語がありますが、これも落つる成るではわからない。この時の落は「祝う、祭る」という文字であります。

つまらぬ気持ちが抜けてしまって、さばさばと、おおまかに、こだわらぬのが灑落。人間というものはかくありたい。日本の神道の良いところであります。明かるく、清く、さやけしということが根本精神になっている。キリスト教の原罪であるとか、仏教の無明という様な暗い観念が割合に少い。従ってそれだけに、修養が足りないと浅薄になり易い。けれども、人間は根本的に明快灑落といったものがあってほしいものであります。

植物でも動物でもやはり日に向かう。太陽に浴さなければ成長しない。人格も同じであります。畏縮趑趄、ちぢこまってぐずぐずするが如きは死んだ敬である。敬は「つつしむ」であります。こういうことではなんにもならない。

胸臆虚明《きょうおくきょめい》なれば神光四発《しんこうしはつ》す。

胸の中が虚明であったならば、私心私欲がなかったならば、神光四発す。神光は精神のもっとも本質的な、奥深い、微妙な機能、勝れた直観であります。よく偉大な研究や業績をなしとげる学者に、世事に迂遠《うえん》に見える人が多いが、精神を一つの問題に集中して、心が虚明になっておる。そのために霊感が働く、所謂神光が発する。その結果偉大なる発見や業績をなしとげるのであります。

思考の三原則

一物の是非を見て、而て大体の是非を問はず。一時の利害に拘《こだわ》りて、而て久遠《くおん》の利害を察せず。為政此くの如き国は危し。

今日の日本も丁度この通りであります。物と物との相関関係というようなことを無視したり、忘れてしまって、目先に捉われる。ゆき当りばったりの政治になる。それでは国が危い。度々申しましたように、大問題や難問題になればなるほど、われわれは思考の上に三つの大きな原則を失ってはならないのであります。

一つには、出来るだけ長い目で見て、目先に捉われないということ。

二つには、出来るだけ多面的に、或は全面的に見て、一面に拘わらないということ。

三つには、出来るだけ根本的に考察して、枝葉末節に走らないということ。

物を目先で、一面的に見、枝葉末節に捉われるのと、結論が逆になることさえある。これは間違いない確かな断定であります。

黙養——口を慎む

饒舌の時、自ら気の暴するを覚ゆ。暴すれば斯に餒《う》う。安《な》んぞ能く人を動かさん。

暴はばくで、「さらす」という意味。気の暴するは、気が荒《すさ》むことで、荒めばうえる。従ってわれわれは常に黙養ということを心掛けねばならない。べらべらしゃべるということは精神的には勿論、生理的にも良くない。

これも度々申しましたが、禅家のお坊さんが「われ汝等のために眉毛を吝《おし》まずして云云」と言っております。眉の毛を吝《おし》まずにお前達のために話をしてやる。私も最初はさっぱり意味が分からなかった。禅家の註釈を見ても、みんなこじつけで、どうも納得がゆかない。

そのうち漢方医学の本を読んで、はじめて分かったのであります。それによると、舌をつかうと心臓を傷める。心臓は眉の毛に関係がある。そこで舌をつかうと眉の毛が抜ける、薄くなるというのであります。どうもこれは近代医学からみても本当らしいのであります。

こういう壇上から二十分も話をすると、一里の道を歩くに等しいエネルギーを消費するそうであります。大へんなエネルギーを消耗する。そのためか私なども眉の毛が非常に薄くなってしまいました。

確かにエネルギーを使うと気がうえる、心が荒む。だからなるべく講演などしない方が良いのでありますが、道元禅師も言われておりますように「枉《ま》げて人情に随《したが》って此の座に上る」、仕方なしにお話をするのであります。又実際そうでなければ、本当の話が出来ないし、話そのものが荒んだものになってしまう。講演や講義などというものも結局は情の問題であって、理窟の問題ではないのであります。

自反する

理到るの言は人服せざるを得ず。然れども其の言激する所有れば則ち服せず。強《し》ふる所有れば則ち服せず。挾《さしはさ》む所有れば則ち服せず。便する所有れば則ち服せず。凡そ理到って而も人服せざれば、君子は必ず自ら反る。我先づ服して、而る後に人之に服す。

「理到るの言は人服せざるを得ず」。概念や論理等の遊戯の如き理ではない。所謂情理・道理というところまでつきつめて行った理、そういう理の言葉は人もこれに従わざるを得ない。

しかしその言に激するところがあったり、強制するところがあったり、胸に一物を持っておったり、なにかの手段につかおうとしたりすると、決して人は服するものではない。

そこで君子は、理到って尚人が服さなければ、必ず自ら反省する。先ず自分が自分に服して、そうしてはじめて人も服する。その通りであります。

禹《う》は善言を聞けば則ち拝すと。中心感悦、自然に能く此の如し。拝字最も善く状《かたち》す。猶膝覚《なおひざおぼ》えずして屈すと言ふが如し。

聖王であった禹は善言を聞くと、これを拝したという。これは心中その善言に感悦しておるからで、それが自然に拝する姿をとるようになるのである。拝の字がよく形容している。「膝覚えずして屈す」などもその例である。

【解説】「膝覚えずして屈す」とは、意識的にではなく、自然に膝を折りまげて礼の形をとってしまうこと。

ひかえめの成功が良い

有名の父、其の子の家声を墜《おと》さざる者は鮮《すくな》し。或は謂ふ。世人其の父を推尊し、因《よ》りて其の子に及ぶ。子為る者、豢養《かんよう》に長じ、且つ挾む所有り。遂に傲惰《ごうだ》の性を養成す。故に多く不肖《ふしょう》なりと。固《もと》より此の理無きに非ず。而も独り此れのみならず。父既に非常の人、寧《なん》ぞ豫《あらかじ》め之が防を為すに及ばざらんや。畢竟《ひっきょう》之を反《そ》らしむる能はず。蓋《けだ》し亦数有り。試みに之を思へ。草木の如きに就《つい》て、今年結実過多なれば則ち明年必ず歉《すくな》し。人家乗除《じょうじょ》の数も、亦然る者有らん。

有名人を父に持った子で、その家の名声を失墜しないものは少ない。人或は言う。世の中の人々がその父を推《お》し尊ぶの余り、これがその子供にまで及んで、そのために子供は手厚い世話の中に大きくなり、その上、自分は名門の子だ、自分の父は偉いんだ、それで自分もえらいような気を持つようになる。そうして遂には懶《おこた》り怠ける性格をつくってしまうのである。だから有名人の子は不肖であると。

もとよりそういう理窟も言えないことはない。もっともなことである。しかしただ単にそれだけではない。そもそもすでに父が常人ではない。傑物である。その傑物が、どうして予めその子女がそういうことにならないように、予防をする位のおもんぱかりのないことがあろうか。そういうことはちゃんと心得ておるのであるが、つまりはこれを本然に反らせることが出来ないだけである。

「蓋し亦数有り」。こういう場合の数は単なる数ではなくて、因果の関係・因果の理法、命数の命、数奇の数であります。数奇はどちらかと言えば、因果の関係のめずらしい、不幸な悲劇的なものを申します。

「試みに之を思へ。草木の如きに就て、今年結実過多なれば則ち明年必ず歉《すくな》し」。試みに考えてみよ。草木でも今年余り実を結ばせたならば、必ず翌年は少い。木もいたむ。

「人家乗除の数も、亦然る者有らん」。乗は「掛ける」、除は「割る」。十と一、人間の栄枯盛衰の因果関係も亦そういうものがあるであろう。親父が余り偉くなるということは、花が咲き実がなり過ぎるということで、子供の代にはどうしてもマイナスになる。

だから花でも実でも、或は枝葉でも、剪定《せんてい》と言って植木屋が枝葉をかるし、又花を摘みとったり、実を間引いたりするのであります。だから果物を間引くのが果決であある。果決でなければ花や果物に執着して、すずなりにならせたり、満開に咲かせたりする。そうして木を弱らせてしまう。

だから人間も、自分の力よりいくらかひかえめの成功をするのが良いのでありま す。あの人はもっと偉くなる人だ、あれではどうも少しお気の毒だ、というところに止まるのが丁度良いのであります。そうすると子孫にいくらか余力を遺すことになる。あんな奴があんなに偉くなって、と言われる様な柄にもない立身出世をすると、必ず子孫が良くない。

自分はもっと出世すべきであったが、汝等のためを思ってここに止まった。汝等宜しく偉くなれと、誨《おし》えるのも面白い。皆さんも一つこれをおぼえておいて、子供に言って聞かせてやって下さい。そうして自分は学問・芸術に遊んで優游自適する。楽しい味のある人生ではありませぬか。

人間の健康でもそうです。昔から言う腹八分目が良い。十二分に飲んだり食ったりすれば直ぐ駄目になる。自分一代でも駄目になるのでありますから、況や次代に於てをやであります。純都会育ちの青年男女が一緒になって、出来た子供が又純都会育ち、それが更に純都会育ちと一緒になる。こうして三代目には全く脆弱《ぜいじゃく》になってしまう。

そこで婿にしても嫁にしても、もっと野性的な所から迎えなければいけない。然しどちらかと言うと、田舎女性を入れた方が永続的な価値がある。婦女子が純都会育ちになる事は禁物であります。

大体生理的に見ても、女は男よりはるかに順応性を持っている。例えば痛覚にしても、痛くない。痛がるように見えるのは、あれは表情で痛がるのであって、本当は男より痛くないのであります。そうでなければ絶対にお産は出来ない。

飢餓にも強いし睡眠にも不眠にも婦人の方がよく耐える。自然的生命力・生理力は男よりはるかに強い。従って婦人を余り都会的脆弱に育てるということは、これは民族にとって甚だ不幸であります。

深夜闇室に独坐し、群動《ぐんどう》皆息《や》み、形影倶《けいえいとも》に泯《ほろ》ぶ。是に於て反観す。但《ただ》々覚ゆ、方寸の内烱然《けいぜん》として自ら照らす者有り。恰《あたか》も一点の灯火、闇室を照破するが如し。認得す。此れ正に是れ我が神光霊昭《れいしょう》の本体、性命は即ち此の物、道徳は即ち此の物、中和位育《ちゅうわいいく》に至るも、亦只々是れ此の物の光輝《こうき》、宇宙に充塞《じゅうそく》する処なるを。

反観は自分が自分に反って観察すること。中和位育は万物と渾然と一体になり、各々その地位を占めて育ってゆく、進歩してゆくことを申します。

深夜闇室に独坐して、本当に自分が自分に反ってみると、烱然として自分の胸の中に自ら照らすものがある。これが一切の太極であり、根元である。深夜独坐した人はみな自得しておることであります。

似て非なるもの

漸《ぜん》は必ず事を成す。恵は必ず人を懐く。歴代姦雄《かんゆう》の如き、其の秘を竊《ぬす》む者有り。一時亦能く志を遂ぐ。畏るるべきの至りなり。

だんだんに進んでゆく事を漸という。懐はなずく。漸は事を成すの秘訣、恵は人をなずくるの秘訣であるが、この秘訣を本当の英雄でも聖雄でもない姦雄が盗んで志を得るものがある。にせ者が志を得る。畏るべきことである。

今日でもなかなかそういうのが多いのであります。どうも善人は意気地がなくて、人を支配する能力がない。これに反して姦雄・悪党がよく支配する。つまり道の悪用であります。

慝情《とくじょう》は慎密に似、柔媚《び》は恭順《きょうじゅん》に似、剛愎《ごうふく》は自信に似る。故に君子は似て非なる者を悪む。

慝は「隠す」、従って隠れた悪・罪。慝情はつつしみ深いに似、こびへつらいは恭順に似、ねじけて非を押し通す剛愎は自信に似る。だから君子は似て非なるものを悪むのである。

教育は具体的・個性的なもの

孔門の学は耑《もっぱ》ら躬行《きゅうこう》に有り。門人の問目、皆己れの当《まさ》に為すべき所を挙げて之を質《ただ》す。後人の経を執りて叩問《こうもん》するが如きに非ず。故に夫子の之に答ふるも、亦人々異り、大抵皆偏を矯《た》め弊を救ひ、長を裁ち短を補ひ以て諸《これ》を正に帰するのみ。譬《たと》へば猶良医の症に対して剤《ざい》を処するがごとし。症は人々異る。故に剤も亦人々異る。懿子《いし》、武伯、子游《しゆう》、子夏の問ふ所同じうして、答へは各々同じからず。亦以て当時の学を想ふべし。

孔子の学問というものは専らこれを身体で実行するにある。だから門人の質問する一つ一つの条目はみんな自分の為さんとする処を挙げてこれを質問している。後人の経を執って叩《こう》問するような知識の問題ではない。実行の問題である。

だから孔子のこれに対する答えも亦人によって異り、大抵はみな偏を矯め、弊を救い、裁縫する様に長所をたち、短所を補い、以てこれを正に帰するだけである。例えば名医の症状に応じて薬を調合する様なものでもある。病の症状というものは人各々異るものである。従って薬も亦人によって異る。

懿子・武伯・子游・子夏の問う処は同じであっても、それに対する孔子の答えは各々異る。これを見ても当時の学を想像する事が出来る。

つまり医療が応病与薬であるように、教育・学問というものもみなその人その人に応じて具体的に、個性的に行われねばならない。決して抽象的・一般的に行わるべきものではない。知識などというものは普遍妥当的ということがあり得るわけでありますから、実践的・行動的な学問というものは本当に人と人、魂と魂との接触でなければならない。それが抽象化し、普遍化する程力がなくなる。

医療も同じこと。本当の薬はその人・その時・その症状に適応する、即ち絶対的なものでなければならない。何時・何処で、誰が飲んでも効くというような薬は、それだけ効かぬものと思って宜しい。

教育の本質もここにあるのであります。人格と人格・箇と箇との接触によって始めて生きた反応効果を生ずるのです。『論語』はそういう人間的触発の記録です。

『小学』の読み直し

融通無礙の世界

世間普通の講習会とか研修会とかいうものならば、ちゃんと講題などを決めてやるのも当然でありますが、然しこの会の様になれば本当は題など要らぬし、又題などに拘泥したのではろくな話は出来ません。この会は所謂道とか真理とかいうものを尋ねる会であります。真理とか道とかいうものは始めなく、終りなしで、大にしては宇宙、小にしては一言一句、どこから始めてもよいし、どこで終っても構わない、誠に融通《ゆうずう》無礙《むげ》であります。

この席にも数学の岡潔先生がお見えになっておられますが、先生の数学はそれこそ融通無礙でありまして、科学でも、本当の科学というものは哲学にも宗教にも相通ずるもので、ここからが科学、ここからが宗教、などという区別は決してないのであります。

ただそれでは不便ですので、説明の便宜上、知識とか、技術とかと区切るだけのことであって、限界などというものはないのであります。従ってどこから始まっても良い、どこで終っても良い。

われわれの身体でもそうであります。心臓とか肝臓とかいろいろあるけれども、他とかかわりなく、全体とかかわりなく存在するものは、何一つないのであります。

例えば甲状腺にしても、ちょっと見れば単なる骨のように見えるけれども、専門の医者に訊《き》くと、ここからサイロキシン（チロキシン）といったものを血液の中へ送り出す。これが出なくなると、正邪曲直の判断とか、美醜の感覚とか、或は神聖なるものを敬うとかいうような機能が失くなってしまう。ネズミの餌から完全にマ、ンガン分を除去すると、母性本能が失くなるそうであります。

こういうことを聞くとすぐあわてものは、真・善・美はサイロキシンから出るのかと決めてしまいますが、こういう考え方は唯物主義というもので、決してそんな簡単なものではないのであります。身体の機能は実に微妙な相関関係にあって、どの部分をとっても、それからそれへと無限に連環しております。道の世界、真理の世界でも同じこと。孔子を論じようとすれば、老子も釈迦もみな関連して来る。それでこそ本当の真理の世界・道の世界というものであります。

近頃よく自己疎外などという言葉がはやりますが、要するに内を離れて外に走ることで、枝葉末節になればなる程動きのとれぬ、融通のきかぬものになってしまう。今日の一番の弊害は、この内的統一を失って、雑駁になっておるということです。その最も悲惨なものは、自己の喪失・人間性の喪失ということであります。

この失われた自己を取戻し、内的世界・精神の世界に還ろう、そういう機縁をつくろう、そういう道を開こう、というところにこの研修会の意義・価値があるのであります。

憂うべき現代社会

現代はいろいろの点で危険な状態にあります。繁栄の中の没落という事がよく言われますが、今日はこの繁栄の中の没落に向かって暴走しておる、と言っても少しも差支えないのであります。暴走するのは決してトラックやダンプカーばかりではない。これはあらゆる先覚者達がそれぞれの立場から明瞭に指摘しております。例えばスポーツが盛んになって、確かに身長は伸びました。俗眼で見ると、身体の恰好は成る程良くなりました。殊に運動の世界から殆ど締め出されておった婦人の体格は目に見えて良くなって参りました。お母さんと並んで歩いておる娘は、大抵お母さんより丈が高い。

しからばその娘達がお母さん達より生命的に、医学的に発達しておるか、と言うと決してそうではない。否、むしろ退化しておる、とさえ多くの医学者達が指摘しておるのであります。スポーツによって体格は立派になりましたけれども、体力・生命力は弱くなっておる。これは女に限らず男も同じであります。

丁度それは、いろいろの条件を整えられて飼育されている小動物と同じことで、天然自然の体力・生命力ではないのであります。従ってちょっとの気候の変化にも、或は飢餓・苦痛といったものにも、耐えることが出来ない。例えば東京でも最も野性的であるべき本所・深川といった下町の青年達が、もう昔のような御神輿をかつぐことが出来ない。戦災で大分焼けたとは言え、若干残っておる御神輿がみなほこりをかぶって、倉に放り込まれております。
農村の青年でも、昔は足駄を履いて、米俵を両手に持って平気で歩いたものでありますが、今はそんな腕力・体力は青年に失くなってしまいました。近頃話題のアフリカにしても、オランダやイギリスから渡って行った最初の移民の記録を読むと、獰猛な野牛の角を持って押し返すくらいの力量を持っておった。今はそういう力のあるものは一人もおらないそうであります。

これが精神力といったものになると、更に酷いもので、弱くなっておるばかりではなく、精神障害者がどんどん激増して来ておるのであります。いつかもお話ししました様に、コーネル大学の心理学者達が八年もかかってニューヨークのマンハッタン地区の住民を調べた結果によると、全住民の五十八・一パーセントがなんらかの系統に於ける精神障害者であって、どの点から言っても障害の認められないというのはわずか十八・五パーセントに過ぎないという。これは世界の文明国共通の現象で、精神障害者が激増して来ておるのであります。

更に憂うべきは犯罪者、殊に悪質犯罪者の激増であります。日本は世界でも最も多い部類にはいっておりまして、傷害致死・殺人と言った兇悪犯罪の数はイギリスの十三倍にも達している。色々の点でよく似ておると言われる西ドイツと較べても、大人の犯罪で五倍、青少年の犯罪で三・六倍とはるかに日本の方が多くなっているのであります。

又文芸・文学・芸術といったものが何を題材にしておるのか、社会的に考察しても、堕落して来ておると言わざるを得ない。

特に戦後は考え方が物質的になって、国家とか、神とかいう様なものへの奉仕を忘れ、利益ばかりを追求するようになってしまいました。精神よりも経済を重んじ、道徳や歴史的伝統というものを無視して、人間がせせこましい小さなエゴになって参りました。

こういうものをだんだん拾い上げて整理すれば、病院の患者と同じように一つのカルテが出来上がる。このカルテを見ると、今日の文明国、殊に戦後の日本の現状はそれこそ重態に陥っているということが出来るのであります。

先ず失われた自己を回復しなければならない

どうすればこれを救うことが出来るか。これが今日の一番の問題なのであります。然しこういう問題はジャーナリズムには取上げられない。だからみんな意識しないのであります。病気でも無自覚症状ほど取扱い難いものはない。どんどん病気が進行するばかりであります。

これをつきつめてゆくと、結局今失っておるものを回復する以外に道はない。その具体的な方法は如何《いかん》。例えば、この物質生活を真理に徴して、真実自然の日常生活に改める。薬一つにしても、野放図もなく売り出されている新薬等を飲まないで、もっと生薬を活用する。食物にしても、無暗《むやみ》に加工したものや、季節を無視した冷凍物等は止めて、出来るだけその土地でとれた新鮮な生命力のあるものを食べるようにすることが大事であります。

特に大事なことは、何万年、何千年来漸《ようや》くここまで発達させて来た精神生活・心霊の世界を今一度回復することであります。ここ数百年来分析というものが一つの原理になって、科学が発達して来たのでありますが、あらゆる分析の中で一番発達した高等な分析はなにかというと、人間が自分自身を省み解明する分析である、とはすぐれた科学者の一致した見解であります。

「己れ自身を知れ」とはギリシャの諺でありますが、真によく己れにかえれば、自分の真生命・真我を把握すれば、どんな自己でも、必ず独特の意義・価値を追求することが出来るのであります。

教育にしてもそうであります。「好んで人の師となる勿れ」という名言がありますが、教育者に一番大事なことは、先生になることではなくて、学生になることであります。良教師は必ずよく学ぶ人でなければならない。

今の教師は、人を教えることばかり考えて、自分自身学ぶことを忘れてしまっている。われわれがここに集まったのは、単に教師としての知識や技術を拾い集めるためではない。失われた自己を回復して、これを解明する、又その機縁をつくるためであります。

志さえ立てば貧病も鈍才も問題ではない

そうして初めて真実の世界に立つことが出来るのでありますが、その真実の世界に還ってみれば、すべてが融通無礙であります。俗学と聖学とでは見解も自から違って来る。

例えば功利主義者などは判で押した様に、勉強したくても金がないと申します。しかし貧乏だから勉強が出来ぬなどということは絶対にあり得ない。要するにこれは人間の問題で、その人自身志を立てさえすれば、貧乏などは問題ではないのであります。

昔から偉大な仕事をやり、又偉大な自己を作り上げた人で、おおよそ貧乏でなかった人は何人おるか。金にめぐまれ、贅沢が出来て偉くなったというのは、それこそ本当に例外であります。大抵は貧乏で、しかも随分ひどい貧乏が多かったのであります。

あの明治の西郷南洲にしても、吉之助の少年時代は大へんな貧乏で、家庭は困難を極め、いつもぼろ着物に破れ草履をはいて、それこそ惨憺たるものであった。南洲と言えば、勝海舟を思い出しますが、とても今日のわれわれには想像も出来ないような貧乏をやっております。当時の日記を読むと、めしを炊くにも薪がない。とうとう縁側をはぎ、柱を削って、これを燃料にしてめしを炊いている。「困難ここに至って又感激を生ず」、ひどい貧乏をやりながら、少しも苦にしておらないのであります。ここらが人間の分かれ道であります。同じ貧乏をしても感激のある貧乏をやっている。感奮興起すれば貧乏も亦好いものであります。

植林をするにしてもそうであります。最初から肥えた土地に植えると駄目になる。先ず苗木を瘠地《やせち》に密植する。そうして適当な時期を見て、初めて肥えた土地に移植してやる。こうすれば苗木もぐんぐん成長する。だから貧乏などというものも、貧乏そのものが問題ではないので、これを如何に貧乏するかという、帰するところはやはり体力であり、生命力であり、精神力であります。

能力でも同じこと。近頃は、頭が悪いと言うことが出来ないで、脳が弱いなどと申しますが、弱いということ自体これは精神力が衰えておる証拠であります。悪ければ悪いとはっきり言えばよいのです。

そもそも頭が悪いから勉強が出来ぬなどと考えることが間違いで、志が一度立てば、頭の悪いことぐらい問題ではないのであります。昔から立派な仕事を成し遂げた人で頭の悪い人が随分おります。なまじっか頭が良いと、却って安心して怠け者になったり、脱線したりする場合が多い。頭の悪い者が努力して、勉強して、たたき上げたというのは立派なものであります。

書でも、書才というか器用な人の書は、筆先でごまかすために、軽薄なものが多い。しかし才能のないものが一所懸命習いこんだ字というものは、何とも言いようのない味を持っております。

器量でも、余り目鼻立の整った女性に真の芸術的美人は少ない。どこかに欠点のあるのが、美しい心情によって美化されたという美人、こういう美人が所謂芸術的美人であります。

男でも、のっぺりした所謂美男子というのは本当の男性美ではない。昔から名僧とか知識とか言われる人を見ても、醜に属する顔つきの人が多い。その醜男が修養し抜いた美、醜の美というものは、それこそ秀男であって、のっぺりした美男子などの到底及ぶところではないのであります。

兎に角鈍才のたたき込んだというのは大きな力を発揮するものであります。教育者として誰知らぬもののないペスタロッチにしても、生来の鈍才で、ニュートンなどは、学校はビリから二番目だったそうであります。

私の親しくした人に伊沢多喜男という内務省の元老がおります。この人は高等学校から大学までずうっとびりで通した人でありますが、なかなかこれは出来ない芸当で、まかり間違えば落第してしまう。本人も「ずうっと一番を通すことよりもはるかに難しい事だ」と言って自慢話にしておりましたが、内務官僚として立派に成功致しました。

ナポレオンも頭は左程良くなかったようであります。乳母のサベリアは、八人兄弟の中で（十三人の兄弟中五人死し、八人生きる）ナポレオンを一番駄目だと思っておったという。鈍才少しも意に介する必要はないのであります。

その次に体力であります。これも身体が弱くて勉強が出来ないとよく言われるのでありますが、これも俗論であります。昔から病弱で、甚だしきに至っては致命的疾患を持ってさえ、偉大な仕事をした人がどれくらいあるかわからない。

あの世界の奇蹟と言われるヘレン・ケラーは、二つの時に胃腸を悪くして、脳膜炎を起こし、とうとう失明して耳も聞えなくなってしまった。然し不屈の精進に加うるに、両親の慈悲と、サリバンという立派な家庭教師等の力によって、ハーバード大学を卒業、数か国語を話すと共に、偉大な思想家、偉大な社会指導者にまでなったのであります。

日本では塙保己一《はなわほきいち》といった例もあります。吉田松陰は肺病であったし、王陽明も亦肺病であった。肺病で喀血《かっけつ》しながら、学問に、教育に、行政に、或は内乱の鎮定に、それこそ超人的な業績を残しておるのであります。

また忙しいから時間がないとよく言うのでありますが、古来忙中激務の中に偉大な仕事をした人が沢山おります。例えば前大戦の時にイギリスの外務大臣をしておったエドワード・グレーは、ルーズベルトを迎えて、森の中を散歩しながら小鳥の説明をしたのは有名な逸話になっております。彼は小鳥の研究の大家でもあったそうであります。また私の好きな詩人にロングフエローという人がありますが、彼は毎朝、食事前の十五間分を利用して、ダンテの神曲の大翻訳を完成しております。

また大阪近郊の八尾というところに住んでおった黙叟《もくそう》飯田《いいだ》武郷《たけさと》という人は、春日潜庵等の志士達と交わりのあった国学者でありますが、当時大阪におられた有栖川《ありすがわ》家に仕えておった。昼は宮家に出仕し、夜はお父さんの晩酌の相手をする。そして老父が寝た後『大日本史』を二巻宛借り、全部一応うつしとって、あらゆる文献を閲覧して、不撓不屈、とうとう『大日本野史』を完成したのであります。

まあ、以上のような例でもおわかりのように、志がありさえすれば、貧乏も、多忙も、病弱も、鈍才も、決して問題ではないのであります。立志は、言い換えればわれわれの旺盛なる理想追求の求道心であります。この道心・道念を失うと、物質的な力、或は単なる生物的な力に支配される様になる。

この頃の人間は特にそれが甚だしいのであります。弱いから勉強が出来ぬ、忙しいから勉強が出来ぬ、となにも出来ないものばかり集まるから、益々何にも出来ない。出来るのは喧嘩だけで、何事も破壊しなければ気が済まない。これではいくら破壊しても本当のものは出来ないのであります。

そこで一番大事なことは、先ず己れに還るということ、人各々をして己れに還らしめるということであります。では如何にして己れに反るか。われわれはこれを知るためにこの四日間『小学』を勉強しようというのであります。

小学とは知識・学問を体現することである

さてこの『小学』でありますが、昔は、少くとも明治時代までは、これを読まぬものはなかったのでありますが、今日は――『大学』はまだ読むけれども――殆ど『小学』は読まなくなってしまいました。然し小学を学ばなければ大学はわからないのであります。それは小乗を学ばなければ、大乗がわからないのと同じでありま す。

私の好きな大家の一人に章楓山《しょうふうざん》という人がおります。明代の碩学で、王陽明とほぼ同時代に生きた人でありますが、或る時新進の進士が訪ねて来て、私も進士の試験に及第しましたが、これから一つどういう風に勉強すれば宜しいのでしょうか、ご教示願いたいと頼んだ。章楓山はこれに答えて〝なんと言っても小学をやることですね〟と言った。言われた進士は内心甚だ面白くない。進士の試験に及第した自分に小学をやれとは、人を馬鹿にするにも程があるというわけであります。

そうして家に帰り、なんとなく小学を手にとって読んでみた処が、誠にひしひしと身に迫るものがある。そこで懸命に小学を勉強して、再び章楓山を訪れた。するとろくろく挨拶も終らぬうちに章楓山が言った、「大分小学を勉強しましたね」と。びっくりして「どうしてわかりますか」と訊ねたところ、「いや、言語・応対の間に自から現われておりますよ」と答えたということであります。

学問・知識などというものは、単なる論理的概念に止まっておる間は駄目でありまして、これを肉体化する、身につけるということが大事であります。所謂体現・体得であります。西洋で申しますと、embody 或は incarnate ということであります。そうなると直ぐ顔や態度に現われる。よく謦咳《けいがい》に接するなどと申しますが、しわぶき一つにしても、よくその人を現わすものであります。

信州飯山の正受老人は、あの白隠禅師の師匠でありますが、実に峻烈な人で、「終日ただ謦咳をきくのみ」、せきばらいをするだけで滅多に口など利かなかった。然しそのせきばらいが弟子達にはなんとも言えぬ魅力であったという。体現して来ると、謦咳にまで無限の意味を持つものであります。

小学も然り。人間はかくあらねばならぬという原則を、この肉体で受取る。これが小学というものであります。

「小学」という語には大体三つの意味があります。第一は初級の学校という意味で、昔、宮城の一隅に置かれた国立の小学校のことであります。その後別の意味に使われるようになって、漢代にはいると、色々の知識や学問の根底をなす文字・文章に関する学問のことを言うようになり、更に発展して、今度は仏教に於ける小乗と同じように、われわれの日常実践の学問を小学というようになったのであります。

朱子の学風

そうして、われわれの普通に言う『小学』というのは、朱子が先儒や偉大な先覚者達の迹《あと》を尋ねて、その中から範となるものを拾って、内外二編、二百七十四条目とし、これを兎角知識や論理の遊戯に走り勝ちな弟子に与え、名づけて『小学』と呼んだのであります。

しかし、表向きは朱子の編著ということになっておりますが、本当は弟子の劉子澄という人がもっぱらその編纂《へんさん》の衝に当っておるのであります。彼は元来、立派な役人であり、又学者ですが、朱子に会って、はじめて自分の今までやって来た学問が如何に浅薄であり、雑駁な知識・技術の学問であったかを悟り、そうして深く道の学問に入って行った人であります。朱子も亦この人を単なる弟子としてでなく、道の上の親友として重く遇しておるのであります。

朱子は名を熹《き》と言い、字は元晦《げんかい》、晦庵《かいあん》と号した。安徽省の出身でありますが、生まれたのは父の任地である福建省尤渓《ゆうけい》であります。父は韋斉と号し、これ又篤学の士であります。

朱子の最も影響を受けたのは父の学友である李延平で、この人は実に超俗の人でありまして、山水の間に庵を結んで、学を楽しみ、書を読んで、生涯を終った人であります。その延平の学んだのが羅従彦《らじゅうげん》という人で、これも立派な篤学者。羅従彦の先生が名高い楊亀山《ようきざん》で、実にスケールの大きい内容の豊かな人であった。亀山の先生が程明道であります。

これらの系統を通じて見られることは、彼等の学問は単なる知識とか功利のためにする学問ではなくて、所謂体現・体得を重んじた知行合一の学問であったということであります。これらの人々の人物・言行等を調べてみても、人間もここまで至るものか、とつくづく感ぜしめられるような人物ばかりであります。日本にも徳川時代これらの学問をやった人に偉大な人物が多いのであります。

精神の革命なくして人間は救われない

それを考えると、今日は決して昔より進歩しておるなどと言うことは出来ないのであります。世の中の法律や制度を如何に変えてみても、イデオロギーを如何に振り廻わしてみても駄目である。人間そのものをなんとかしなければ、絶対に人間は救われない。やはり人間革命・精神革命をやらなければならぬ、ということになって参りました。

己れを忘れて、世のため、人のために尽すような、己れ自身が学問・修養に励んで、それを通じて人に感化を与えるような、そういう人物が出て来て、指導的地位に配置されるようにならなければ、絶対に世界は救われない、ということが動かすべからざる結論になって参りました。

要するに世の中を救うためには、先づ自からを救わなければならない。自からを救うて初めて世を救うことが出来る。広い意味に於て小学しなければ、自分も世の中も救われないのであります。

その貴重な小学の宝典がこの朱子の『小学』であります。これをしみじみ読んで見ると、幾度読んでも、幾歳になって読んでも、実に感激の新たなるものがあります。

小學書題（小學序文）

古は小學・人を教ふるに、灑掃《さいそう》・應對《おうたい》・進退の節、親を愛し長を敬し師を尊び友に親しむの道を以てす。皆、修身・齋家・治國・平天下の本たる所以にして、而て必ず其をして講じて、之を幼穉《ようち》の時に習はしめ、其の習・知と與に長じ、化・心と與に成って而て扞格《かんかく》勝《た》へざるの患無からんことを欲するなり。今其の全書見るべからずと雖も、傳記に雜《まじ》り出づるも亦多し。讀者往々直《ただ》に古今宜《ぎ》を異にするを以て、之を行ふ莫《な》きは、殊《はなは》だ其の古今の異無きもの固より未だ始めより行ふべからざるにあらざるを知らざるなり。今頗《やや》蒐《しゅう》集《しゅう》して以て此の書を爲し、之を童蒙に授け、其の講習を資《たす》く。庶幾《こひねがわ》くは風化の萬一に補あらんと云ふのみ。

淳熙丁未三月朔旦　　　朱　晦　庵　題

小学は人間生活の根本法則

灑掃《さいそう》は拭き掃除。それに応対、進退というような作法、こういう根本的なことが出来て、初めて修身・斉家・治国・平天下といったことに発展することが出来る。学問に限らず如何なる問題にしても、それを進めてゆく上の原理・原則というものがある、ルールというものがある。これを無視してはスポーツも出来ないし、碁・将棋も出来ない。

手術をするにも基礎条件というものがある。先ずあらゆるものの消毒から始まって、器械・器具を整え、医者も看護婦も手を浄《きよ》めて、そうして精神を統一して初めて手術にかかる。この基礎条件を厳格にすればするほど成功する。

小学は人間生活の根本法則である。だから昔から、人を教えるには小学を以てするのである。人間生活のよって立つ根本はなんと言っても道徳でありまして、その道徳の基本的な精神・情緒といったものを培養しなければ、人間の生活は発達しない。殊に灑掃などというものは科学的に言っても大事であります。

人類文明の第一歩は、人間の前足が手になると同時に、頭が活躍し始めたことにあるわけで、従って弊害もそこから始まると考えて間違いないのであります。第一、立つということは、地球の引力の法則に反するから、それだけでも疲れる。だからお楽にという時には、必ず横におなり下さいということであります。

立つことによって生じた病気や弊害は沢山あります。例えば胃下垂だの、内臓下垂だのというのはみなそうであります。そこで人間は時々四つ這いになると良い。庭を手に下駄をはいて、或は部屋の中を十分か二十分歩き廻わる。胃腸病や神経衰弱などは直ぐ治る。私自身もやってみたことがありますが、四つ這いになると全く物を考えない。これは動物に還るのであるから当然のことであります。

その点古人はよく考えております。禅堂や道場等ではつとめて拭き掃除をさせた。毎日、朝から晩まで学問・修養では神経衰弱になって、胃腸障害を起こし勝ちであります。そこで清潔・清掃と言って拭き掃除をさせる。従ってこれは労働ではなくて、本当は養生であり、療養であったわけであります。

また応対ということも大事なことであります。人間というものはなにかによって自分を試錬しなければならない。相対するものがあって初めてわれわれの意識や精神機能が活潑に働くのです。アーノイド・トインビーがその歴史研究に用いている一つの原理は、challenge and response という事でありますが、良い意味に於ても、悪い意味に於ても、この二つによって世の中が動いて行く。

そうしてその一番の根本が応対であります。人は応対によって先ず決まってしまう。武道などやると尚更よくわかるのでありますが、構えた時に本当は勝負がついている。やってみなければわからない、などというのは未熟な証拠であります。尤もそれがわからないから面白いのですが……

いずれにしても応対というものは実に微妙なもので、人間は応対によって泣いたり笑ったり、すべったり転んだりしておると言って宜しいのであります。

直観の世界が開ける

そういう灑掃・応対・進退のしめくくり、又親を愛し、長を敬し、師を尊び、友に親しむの道は、みな修身・斉家・治国・平天下の本たる所以であって、しかもこれを幼稚の時に習わしめる。この幼稚の時に習わせることが大事であります。後年になってそれがいろいろに現われて来る。

そうして、「其の習・知と與に長じ、化・心と與に成って而て扞格勝《かんかくた》へざるの患無からんことを欲するなり」。扞格は「矛盾・衝突」であります。人間は断えざる錬磨によって矛盾・衝突がなくなり、だんだん本格的・直感的になって来る。

自動車の運転一つにしても、最初のうちは車と運転者とが相扞格して抵抗し合っておるけれども、だんだん練習しておるうちにそういう扞格がなくなって、車と人とが一体になって来る。つまり無意識的活動になって来る。

そうなると、意識や知性では知ることの出来ない真実の世界・生命の世界にはいってゆく。即ちこれが「其の習・知と與に長じ」であります。扞格のある間は、そこに意識があるから知性にうったえる。それが次第に知と共に長じて、無意識的に行動するようになる。その直観というものは内的生命の統一から出て来るもので、相対的知性の及ぶところではない。

そうして物事は次第に化してゆく、ここに所謂心の世界・直観の世界というものが開けて来る。これが「化・心と與に成る」というもので、物事はどうしても時間をかけて習熟する必要がある。価値のあるもの、精神的なもの程インスタントでは駄目であります。肉体の、動作・活動でも、修練を加えて、初めて医学的に、所謂全解剖学的体系の統一活動というものが出来るようになるのであります。

学問もそうであります。「今其の全書見るべからずと雖も、傳記に雜り出づるもの亦多し」。だから昔の話だからと言って、これを捨てるということは、原理・原則に反する。

人間の原理・原則というものは古今東西などによって変わるものではない。人間として生きて行く以上どうしても行わなければならぬもので、行うことの出来ないもの、行うてならぬものであったならば、人間が知る筈はないのである。それを知らないで、昔のことだからと言うので、放っておくということは、これは無知である。

これを童蒙《どうもう》に授けておるために、『小学』を童蒙の書の如く考えるのでありますが、それは間違いで、『小学』は童蒙の書であると共に、立派な成人の書というべきであります。

人間の三不祥

荀子曰く、人に三不祥あり、幼にして而も肯《あえ》て長に事《つか》へず。賤《せん》にして而も肯て貴に事へず。不肖にして肯て賢に事へず。是れ人の三不祥なり。

日本人は『孟子』を読むが、『荀子』は余り読まないようであります。しかし経世済民の上から言えば、『荀子』の方がはるかに現実的で、社会的であります。又人物履歴も勝れた人であります。『孟子』を読む以上は『荀子』も必ず読んで欲しいものです。

「幼にして而も肯て長に事へず」。幼にして長に事えないということは、いとけなくして敬することを知らないということになる。

敬というものは、東洋哲学は言うに及ばず、西洋でもしきりに説くことであって、例えばカントの道徳学にしても、これを一つの基本にしておるのでありますが、それにもかかわらず人はみな愛だけを説いて、敬を忘れている。

愛は禽獣でもこれを知り、且つ行うことが出来る。人間が動物から進化して来た一つの原動力は、愛と同時に敬する心を持つようになったことであります。現実に満足しない、即ち無限の進歩向上を欲する精神的機能が発して敬の心になる。換言すれば、現実に甘んじないで、より高きもの、より貴きものを求めるという心が敬であります。

そうすると相対性原理によって、必ず恥ずるという心が湧いて来る。恥ずるから慎む。敬は恥や慎の心を活かす体液のようなものであります。

人間の内臓や血管というようなものは、血液を初めとするあらゆる体液の中にある。血球も塩水の中に浮いている。敬はその体液である。従って愛するだけでは人にはならないのであります。

今日も愛ということはみんなが言うけれども、敬とか恥とかいうことは全く忘れてしまっている。忘れるどころかこれを無視し、反感を持ち、否定しようとしている。

しかし幼児はこの心をもっとも純真に持っておるのであります。幼児は物心ついて片言を話す様になると、明らかに敬の対象を求める。両親のそろっておる時には、専ら母を愛の対象とし、父を敬の対象とする。愛されると同時に敬する。

しかも自分も敬されることを欲するのであります。どんな小さな子供でも、お前はえらいとか言って褒められると、必ず喜びの笑みをもらす。だから子供に対しては叱ることは構わないけれども、無暗にさげすむことはいけない。これは子供の価値を否定することになる。つまり不敬であります。

その幼児が敬することを知らなくなってしまった。これは今日の国民教育に根本的な缺陥がある証拠であります。昔は親の言うことは聞かなくとも、先生の言うことだけはよく聞いたものであります。ところがその先生が今では敬されずに侮られる。挙句のはては、警察の力を動員しなければ中学や高校の卒業式を行うことが出来ない。こんな教育なら止めた方がましであります。

「賤にして而も肯て貴に事へず」も、「不肖にして肯て賢に事へず」も、要するに同じことであります。

人間の三不幸

伊川先生言ふ、人・三不幸あり。少年にして高科に登る。一不幸なり。父兄の勢に席《よ》って美官となる、二不幸なり。高才有って文章を能くす、三不幸なり。

年の若いのにどんどん上へあがる。世の中はこんなものだと思ったら大間違いである。というのは修練というものを欠いてしまうことになるからで、これは不幸である。これは官ばかりではない。親のお蔭で若輩が重役になったりする、皆同じことである。

又いろいろの勝れた才能があって、文章を能くする――文は飾る、表わすということで、つまり弁が立ったり、文才があったりして表現が上手なこと――これも大きな不幸である。

今日は選手万能の時代で、野球とか、歌舞とか、若くて出来る者にわいわい騒ぐ。

これは当人にとって大きな不幸であります。若くてちょっと小説を二つ三つ書くと、忽《たちま》ち流行作家になって大威張りする。小娘がちょっと歌や踊りが出来ると、やれテレビだ、映画だ、とひっぱり出して誇大に宣伝する。つまらない雑誌や新聞がそれを又デカデカと報道する。変態現象というか、実に面妖《めんよう》なことで、決して喜ばしい現象ではないのであります。

というのは、人間でも動物でも、或は又植物でもなんでもそうでありますが、本当に大成させるためにはそれこそ朱子の序文にある通り、「習・知と與に長じ、化・心と與に成る」という、長い間の年期をかけた修練・習熱というものが要るのでありますす。決してインスタントに出来上がるものではない。

特に幼・少時代というものは、出来るだけ本人自身の充実・大成に力を注いで、対社会活動などは避けた方が良いのであります。又自からも避ける心掛けが大切で、それでこそ大成出来るのであります。これを忘れて、外ばかり向いて活動しておると、あだ花のように直ぐ散ってしまう。

一芸一能は畏るるに足らぬ

前輩《ぜんぱい》嘗て説く、後生才性人に過ぐる者は畏るるに足らず。惟《た》だ讀書尋思推究《じんしすいきゅう》する者畏るべしと爲すのみ。又云ふ、讀書は只だ尋思を怕《おそ》る。蓋し義理の精深は惟だ尋思し、意を用ひて以て之を得べしと爲す。鹵莽《ろぼう(もう)》にして煩《はん》を厭《いと》ふ者は決して成ること有るの理無し。

「説く」は「言う」に同じ。かつて先輩が言った、後生のうちのいろいろの才能のあるものは決して畏るるに足らぬと。度々申しますように、人間を内容の面から分類して、一番の本質をなすものは徳性であって、いろいろの知能・技能はその属性であります。これは天然に具《そな》わっておる、というので性をつけて才性と言っている。こういう持って生まれた附属的な才能は、つまり頭が良いとか、文章がうまいとか、いった才能の勝れたものは決して畏れるに足らんと言う。

「唯だ読書尋思推究する者畏るべしと為すのみ。又云ふ、読書は只だ尋思を怕《おそ》る」。「怕る」は単なるおそるではない、肝腎という意味であります。読書は尋思が肝腎であります。

「蓋し義理の精深は唯だ尋思し、意を用ひて以て之を得べしと為す」。義とは、われら如何になすべきや、という実践的判断、理はその意味・法則であります。思うに義理の精深は大いに心を動かして初めて遂げるので、「鹵莽にして煩を厭ふ者は決して成ること有るの理無し」――鹵莽は穴だらけ、節だらけ、整理・整頓の出来ておらぬ乱雑・雑駁な状態――乱雑・雑駁で手間ひまかかることを嫌がるようなものは決して成るものではない。

ちょっと何か出来るから、と言って持ち上げることは青少年の教育には一番悪い。大人でも同じことで、一芸一能を自慢して、好い気になっておったら駄目であります。これは程明道《ていめいどう》・程伊川《ていいせん》の文集にある一節であります。

科学と宗教《そうきょう》

子夏曰く、賢を賢《たっと》びて色を易《かろん》じ、父母に事へて能く其の力を竭《つく》し、君に事へて能く其の身を致し、朋友と交り、言ひて信あらば、未だ學ばずと曰ふと雖も、吾は必ず之を學びたりと謂はん。

子夏という人は、孔子の弟子の中でも学問のよく出来た、真面目で、謹厳《きんげん》で、どちらかと言うと、少し融通《ゆうずう》のきかぬ人であったが、しかし春秋末期の大動乱の中にあって、魏の文侯という勝れた実力者から堂々たる待遇を受けておるところを見ると、偉い人物であったに違いないのであります。孔子より四十四歳も若く、従って孔子在世中はまだほんの青年であったわけであります。

「賢を賢《たっと》びて色を易《かろん》じ」は、「賢を賢として色に易《か》ふ」と読んでも宜しい。色は性欲ばかりでなく、あらゆる物欲の対象であります。賢を貴んで色などを問題にしない。父母に仕えてよくその力をつくし、君に仕えてよくその身を捧げ、よく友達と交わり、言う言葉に信がある。こういう人は未だ学ばすと雖も本当に学んだ人と言うべきである。

世の中には学ばずと雖も学んだものの及ばぬ人がある。そういう人の学と普通の人間の学とは違うのでありまして、普通の人間の学というものは、知性とか、技能とかいった附属的なもので、言わば学の枝葉末節であります。一々の細かい物象を捉えてやるから科学《えだがく》。これに対して、大本の学は根本の教えであるから宗教《そうきょう》、或はこれをしゅうきょうと言うのであります。

学に志すものは衣食等の不足は言わない

孔子曰く、君子は食・飽くを求むる無く、居・安きを求むる無く、事に敏にして而して言を慎み、有道に就いて而て正す。學を好むと謂ふべきのみ。

これも『論語』の学而篇にある一節であります。「君子は食・飽くを求むる無く」、君子は腹一杯食ってはいかぬなどと言うと、直ぐこの頃の人間は、そういう七難しい道学は困ると言って横を向いてしまう。然し生理学・病理学・衛生学といった科学がやっぱり同じ事を説いておる、というと忽《たちま》ち納得する。困ったものであります。「居・安きを求むる無く」、人間は安居しておっては駄目で、やっぱり雨風にさらされたり、暑さ寒さに鍛えられたり、又時には山野に起き臥《ふ》ししてこそ生命力・体力というものが鍛えられる。「事に敏にして而して言を愼み」、孔子はしきりにこの敏という字を使っておりますが、今日の言葉で言えば、フルに働かせるということです。

この夏には不景気のために約二千余の中小企業が倒産したということでありますが、従ってそれらの施設は現在遊んでおるわけで、所謂遊休施設になっている。こういう遊休施設はすぐ目につくのでありますが、ここにみんなが忘れておる遊休施設がある。それは己れの脳、つまり頭であります。これくらい勿体ない遊休施設はない。われわれはこの自然の与えてくれた脳力をフルに働かさねばならない。

この脳力をフルに働かせることを「敏」というのであります。だから私は、びんぼうという時に貧乏という字を使わない。敏忙という字を使う。私は貧乏は嫌でありますが、敏忙は大いに好むところであります。

「事に敏にして而して言を愼む」、何事にも頭をフルに働かせて、然も言葉を愼み、そうして「有道に就いて而て正す」、道を解する人、道を持っておる人について正す。独断主義はもっともいけない。

孔子曰く、敝《やぶ》れたる縕袍《おんぼう》を衣《き》て、狐貉《こかく》を衣る者と立ちて恥ぢざる者は、其れ由か。

敝は「やぶれた」と読むよりも、「ふるびた」と読んだ方が宜しい。狐貉は毛皮であります。由は孔子門下の最年長者だけあって着る物等に一向無頓着であった。志のあるものは、着る物や身辺のことは余り気にかけないものであります。

この頃はあらゆるマス・メディアを通じてこれでもかこれでもかと贅沢なものを教えるので、こういう古びたぼろ着物を着て恥じない、などということが難しくなってしまいました。そういう意味では現代人は誠に不幸であります。
だから生活の資を多くそういう下らぬことに使ってしまう。昔は本郷の大学の反対側は殆ど本屋であったが、今はパチンコ屋だとかレストランだとかに押されて、昔の半分になってしまっている。昔の学生は食う物も食わずに本を買ったものです。今の学生は食って飲んで、その上でなければ本を買わない——と本屋の主人は歎く。
われわれも学生時代には、本屋によっては借金して買ったものです。「あんたは見込みがあるから貸そう」とか、「あんたはどうも見込みがなさそうだから駄目だ」とか、本屋の親爺にもなかなか面白いのがおりました。今時はそういう書生もおらなければ、本屋もない。誠にコマーシャルになってしまったものであります。

孔子曰く、士・道に志して而て悪衣・悪食を恥づる者は未だ與《とも》に議《はか》るに足らざるなり。

真に道に志すものは、衣食の粗末なことなど気にするものではありません。

食生活法

曲禮《きよくれい》に曰《らい》く、食を共にしては飽かず。飯を共にしては手を澤《うるほ》さず。飯を摶《たん》することなかれ。放飯することなかれ。流歠《せつ》することなかれ。咤《た》食することなかれ。骨を齧《か》むことなかれ。魚肉を反することなかれ。狗《いぬ》に骨を投げ與ふることなかれ。固く獲んとすることなかれ。

「曲礼」は『礼記』の中の一篇。「食を共にしては飽かず」。寮生活などしておると、他をしのいでがつがつかきこみ、スキ焼きなどして、気がついた時にはなにもない、というような人間が一人や二人おるものです。こういうのは、食を共にして飽こうとするものであります。

「飯を共にしては手を澤さず」。昔は飯は木の葉等に盛って、指先でつまんで食べた。だから指をべたべたさせない。今でも東南アジア等に行くと現地の人がやっておる。「放飯すること勿れ」、飯を丸めたり、食べ放題に食べることをしない。又、「流歠すること勿れ」。「咤食すること勿れ」。流歠は音をたててすすること。スープを飲むのに音をたててすする人がおりますが、西洋人はもっともこれを嫌う様であります。咤食は舌つづみをして食うことで、これは犬や猫のやることであります。「骨を齧むことなかれ」。魚肉を反することなかれ」。骨をかんだり、魚肉をひっくり返して食べるようなことをしてはいけない。

「狗に骨を投げ與ふることなかれ」。これはいろいろの意味にとれますが、要するに犬と雖も生物であるから、敬意を表する意味で投げ与えることをしない。こういうことをする人間に限って、人間に対しても投げ与える。人に物を与えることは大事なことで、乞食でも放り出された飯は食わないものであります。物を与えるには与え方がある。敬意を表して与える。人間の微妙な心理であります。

「固く獲んとすることなかれ」。是が非でも取ろうとしてはいけない。魚を釣っても、釣り落とすということもある。物にこだわるというのは一番いけない。味のある文章であります。

論語に曰く、食《めし》は精《しろき》を厭《きは》めず。膾《なます》は細きを厭めず。食の饐《む》れて餲《す》え、魚の餒《あざ》れて肉の敗《ふる》きは食はず。色の悪しきは食はず。臭の悪しきは食はず。飪《に》るを失へるは食はず。時ならざるは食はず。割《きりめ》正しからざれば食はず。その醬《しょう》を得ざるときは食はず。肉は多しと雖も食氣に勝たしめず。唯だ酒は量無けれども亂に及ばず。沽《こ》酒《しゅ》や市《し》脯《ほ》は食はず。薑《はじかみ》を撤せずして食ふ。多く食はずと。

『論語』に孔子はこういうことを言っている。飯は余り精白にせず、六分か七分搗《づ》きにし、膾《なます》も細かくきざまない。飯のむれてすっぱくなったのや、魚の肉の古くなったもの、色の悪いもの、臭の悪いもの、煮方の失敗したものは食わない。「時ならざるは食はず」、時季時季のものを食べる。近頃は四季だけでなく、緯度・経度まで無視して、いつでも何処でもいろいろなものが食べられますが、これは生理的にも病理的にも好くないそうであります。

「割正しからざれば食はず」、庖丁の入れ方の悪いのは気持の悪いものです。

醤——たとえばわさび。わさびのない時は魚のさしみを食わない。わさびは魚肉の毒除けであります。

いくら肉が沢山あろうとも、食欲を考えて食べ過ぎるようなことはしない。

酒はいくら飲んでもよいが、乱酔するまでは飲まない。これを或る漢学者が、「酒は量るなかれ。及ばずんば乱す」と読んだという笑話があります。

又買って来た酒、買って来た乾し肉は食わない。はじかみをのけずに食い、多食するようなことはしない。

一々もっともな孔子の食生活法であります。

汪信民《おうしんみん》嘗《つね》に言ふ。人常に菜根を咬み得ば則ち百事做《な》すべしと。胡康侯《こようこう》之を聞き、節を撃ちて嘆賞《たんしょう》せり。

汪、名は革。程明道・程伊川・司馬光等の道統を続ぐ哲士の一人でありますが、菜っ葉や大根をかんで、貧乏生活に甘んじておることが出来るならば、何事でもなすことが出来ると言った。胡康侯という学者がこれを聞いて、拍子を打って感心したと言う。人間は欲を出すから何も出来なくなる。

修養すれば直ぐ態度に現われる

劉公《りゅうこう》賓客《ひんきゃく》を見て譚論《たんろん》時を踰《こ》ゆるも体欹《き》側する無く、肩背竦《しょう》直にして身少しも動かず。手足に至るも亦移らず。

劉公とは劉安世のことで、司馬温公の弟子であります。至誠というものに目鼻をつけたような人で、『宋名臣言行録』を読んでも、実に感激惜《お》く能わざるものがあります。その劉公は何時間坐って話をしておっても、身動き一つしなかったという。なかなか出来ることではありません。

西園寺公望公もそういう人で、第一次大戦の講和会議に代表として行かれた時には、各国の新聞記者がマーブル・スタチュー（大理石の塑像）と言って感心したということであります。もっとも大理石の像という言葉には、なにも発言しないからという皮肉もあったようでありますが、兎に角ぴたりと腰をかければ最後まで身動き一つしなかったという。鍛えられた人というものは、どこかに違うところがあるものであります。

管寧嘗《かんねいつね》に一木榻《とう》上に坐す。積って五十餘年、未だ嘗て箕股《きこ》せず。其の榻上膝《とうじょう》に當る處《ところ》皆穿《うが》てり。

管寧は三国志に出てくる人物で、掛値なく哲人と言うことの出来る至高至純の人であります。いつも木のこしかけに坐って、五十余年間というもの一度もあぐらをかいたことがなかった。そのために膝の当たるところがひっこんでおったという。徹底して坐った人であります。

明道先生終日端坐して泥塑《そ》の如し。人に接するに及んでは則ち渾《すべ》て是れ一團の和

氣。

程明道先生は終日端坐して、丁度泥でつくった彫刻のようであった。そうして「人に接するに及んでは則ち渾《すべ》て是れ一團の和気」、あたりが和やかな気分につつまれてしまう。誠に春風駘蕩《たいとう》たる人であります。

これに反して弟の伊川の方は秋霜烈日といったタイプの人で、兄弟好いコントラストをなしておったわけであります。

聖賢の教えは自己の本心を摑むにある

曾子曰く、君子・道に貴ぶ所の者三あり。容貌を動かしては斯《すなわ》ち暴慢《ぼうまん》を遠ざかり、顔色を正しては斯《すなわ》ち信に近づく、辭氣《じき》を出しては斯ち鄙倍《ひばい》を遠ざかる。

曾子が言うには、君子が道に於て貴ぶところのものが三つあると。先ず、容貌態度から暴慢を去ること。暴慢とは洗練を欠《か》くわけであります。そして「顔色を正しては斯ち信に近づく」。顔色というものは誠の表現にならなければならない。

人間の精神状態は汗にも、血液にも、呼吸にも、直ぐ反応するもので、従って顔面にもことごとく現われる。前にもたびたびお話し致しました様に、ベルリンの医科大学の皮膚科で東洋の人相の書物を集めておるというので、調べたところ、顔面皮膚は身体のどの部分よりも鋭敏で、体内のあらゆる機能が集中しておる。従って体内の状態がことごとく顔面に現われる。それが東洋の人相の書物にすべて出ておるというので、これを集めておるのだという。

すべてが顔色に現われる。これを逆に顔色を正しくして信に近づくわけであります。だから顔色を動かしたりしておっては信に近づくことが出来ない。出来ておらぬ証拠であります。

第三に、「辭気を出しては斯ち鄙倍を遠ざかる」、人間の精神というものは、それが低い場合には何かに衝突する。そうした場合にすぐ言葉遣いやムードに出て来る。倍は「そむく」意です。これが辞気というもので、従ってその辞気が卑しくないように、矛盾のないように心掛ける。これも大事な自己鍛錬であります。

仲由・過を聞くを喜び、令名窮まり無し、今人過有るも人の規《ただ》すを喜ばず。疾を護って醫《い》を忌むが如し。寧ろ其の身を滅すも而も悟ること無きなり。噫《ああ》。

【大意】子路は己の過を指摘されると喜んだというので極めて高く評価されて来た。ところが今の人は、己に過ちがあっても、他人に指摘され、正されることを喜ばない。これでは医者を忌みきらって病気を大事にしているようなものだ。むしろその身を滅ぼしても悟る苦しさから逃れようとしているようだ。ああ、何と困ったことではないか。

どうも人間というものは過を聞くことは喜ばぬもので、これはいつの時代でも同じことであります。これでは病気を守って医者を拒否するのと同じことで、その過で身を亡ぼしても悟ることが出来ない。「人生は習慣の織物である」、とアミエルもその日記に申しておりますが、過を指摘された場合には、これをすなおに聞く習慣をつけることが大事であります。

筋道を立てる難しさ

孫思邈《ばく》曰く、膽《たん》は大ならんことを欲し、而て心は小ならんことを欲す。智は圓ならんことを欲し、而て行は方ならんことを欲す。

これは唐初の『隠逸伝《いんいつでん》』にあるのを引用した一文であります。本文は明代に出来た「清言」という種類の著述にも随分引用されております。

清言というのは、竹林の七賢などによって代表される、現実を無視した自由な言論を事とする、所謂清談とは趣きを異にし、明代の知識・教養の高い人々が、その頃になって渾然と融合されて来た儒・仏・道の三教に自由に出入して、それぞれ自分の好みから会心の文句や文章を拾い出し、それに自分の考えをつけた読書録のことで、今日の所謂何々ノートといった種類のものであります。日本で有名なものでは『菜根譚』や『酔古堂剣掃《すいこどうけんすい(そう)》』・『寒松堂庸言《かんしょうどうようげん》』というようなものがあります。例えばこの文章の後には、「志は雄にして、情は細なり。見高くして、言平なり」、というようなことをつけ加えております。

さて、「膽は大ならんことを欲し、而て心は小ならんことを欲す」。こういう場合の胆は胆嚢《たんのう》・肝臓であり、心は心臓としてよい。肝臓・胆嚢・心臓が人間の心理に独特の影響・交渉を持つことは、今日の生理学が解明しておりますが、胆嚢・肝臓は実行力に影響する。だから胆は大ならんことを欲すとは、大きな実行力を持たねばならぬということであります。従って実践力のともなう見識のことを胆識と言う。処が実行するには綿密な観察をする必要がある。そういう知力が心というものであります。胆・心両方が相伴なって初めて危気なく実行出来る。

同様に「智は圓ならんことを欲し、而て行は方ならんことを欲す」。智（知）の本質は物を分別し、認識し、推理してゆくにある。だから物分かりと言う。然し分かつという働きがだんだん末梢化してゆくと、生命の本源から遠ざかる。

本当の智というものは物を分別すると同時に、物を総合・統一してゆかねばならない。末梢化すれば常に根本に還らなければならない。これが円であります。仏教では大円鏡智ということを説きますが、分別智は同時に円通でなければならない。

【解説】大円鏡智は仏の持つ四智の一つで、大きな円い鏡に一切がありのままに映し出されるように、すべてを明らかにする曇り一つない清浄な仏智をいう。

「而て行は方ならんことを欲す」。方は東西南北の方で、方角であります。行うということは現実に実践する事でありますから、必ず対象というものを生ずる、相対的になる。これが方であります。だから方をくらべると読むし、又相対的関係を正しくするという意味でただしと読むのであります。

行はどうしても相対的境地に立つから、その相対的関係を正しく処理しなければならない。これが方であります。正しく処理された場合にこれを義と言い、方義・義方と言うのであります。

然し世の中というものは往々にして智は円になり害ね、方は方になり害なって、無方になりがちであります。幕末、武士階級をののしった落首に、「世の中は左様でござるごもっとも、なんとござるかしかと存ぜず」というのがありますが、幕府の支配階級はそのために亡んだのであります。今日の知識階級などにもこういう連中が多い。行は方ならんことを欲する。筋道を立てるということはなかなか難しいことであります。

范文正公《はんぶんせいこう》少《わか》うして大節有り。其の富貴・貧賤・毀譽《きよ》・歡戚《かんせき》に於て一も其の心を動かさず。而て慨然《がいぜん》天下に志有り。嘗《かつ》て自ら誦《しよう》して曰く、『士は當《まさ》に天下の憂に先んじて憂へ、天下の樂に後《おく》れて樂しむべきなり』と。其の上に事《つか》へ、人を遇するに、一以て自ら信にし、利害を擇《えら》んで趨捨《すうしや》を爲さず。其の爲す所有れば、必ず其の方を盡して曰く、之を爲す我による者は當に是の如くすべし。其の成ると否とは我に在らざるある者は、聖賢と雖も必する能はず。吾豈苟《かりそめ》にせんやと。

范文正公はその名を仲淹《ちゆうえん》と言い、北宋時代に於ける名大臣・名将軍として、行くとして可ならざるなき人物であったばかりでなく、人間としても実に立派な人で、「天下の憂に先んじて憂へ、天下の樂に後れて樂しむ」の名言は、彼の『岳陽楼記《がくようろうき》』の中の一節であります。

さて本文は、范文正公は若くして大いなる節義があった。従って富貴とか、貧賤とか、毀誉とか、歓戚とか、いうようなことには少しも心を動かすことはなかった。そうして慨然天下に志を持っていたのである。

かって自から誦して言う、「士というものは天下万民の憂いに先んじて憂え、天下万民の楽しみに後れて楽しむべきである」と。

その上に仕え、人を遇するを見るに、ひたすら自からを信にし、利害を計ってついたり捨てたりする様なことはなかった。為す所あれば必ず方義を尽してこれにあたった。そうして言うには、自分が自律的・自主的に立ってやることは、当にかくの如くすべしという至上命令に従ってやるべきで、成る成らぬというものは、即ち運命というものは、必ずしも自分の意志通りにゆくものではない。

これは如何なる聖賢と雖も必することの出来るものではないのであるから、どうしてかりそめにやってよいものであろうか。ただ人事をつくして天命を待つ外はないのであると。

范仲淹という人はこういう人であったわけであります。

人間の三原則

明道先生曰く、聖賢の千言萬語、只是れ人已に放《はな》てる心を將《も》って、之を約《つづ》めて反復身に入れ來たらしめ、自ら能く尋ねて向上し去り、下學《かがく》して上達せんことを欲するなり。

聖賢のあらゆる教は要するに、外へ放り出してしまって外物に支配されている心を摑んで、これを要約して、その抜けてしまった心を自分というものに反らしめ、自分でよく反省し、追求して、そうして向上してゆく。自分は低きについて学んで、そうして上達してゆく。

われわれ人間には三つの原則があります。

第一は自己保存ということ。身体の全機能・全器官が自己保存のために出来ておる。

第二は種族の維持・発展ということ。腎臓にしても大脳にしても、あらゆる解剖学的全機能がそういう風に出来ている。

第三には無限の精神的・心理的向上。人間は他の動物と違って、精神的に心霊的に無限に向上する、所謂上達するように出来ている。

これは人間自然の大原則でありますが、近代文明は誤ってこの厳粛な三つの原則のいずれにも背きつつある。文明の危機に到達した原因はここにあるのです。これは今日の科学者や哲学することの出来る学者達の一致して論断するところでありますが、明道先生は何百年も昔にはっきりとこれを指摘しておるわけであります。

要するに人間というものは、自分が自分に反って無限に向上するということが大事であって、これは古学も現代学も、哲学も科学も変わらざる真理であります。

人間の心得

顔氏家訓に曰く、人の典籍を借りては皆須《すべか》らく愛護すべし。先に缺壞《けっかい》有らば、就《すなは》ち爲に補治せよ。此れ亦士大夫《したいふ》百行《ひゃっこう》の一なり。濟陽《せいよう》の江禄・書を讀んで未だ竟《お》へざれば、急速有りと雖も、必ず巻束整齊《かんそくせいせい》を待って然る後起つことを得たり。故に損敗無し。人其の假るを求むるを厭はず。或は几案《きあん》に狼藉《ろうぜき》し、部秩《ぶちつ》を分散することあらば、多く童幼婢妾《どうようひしょう》の爲に点汚せられ、風雨蟲鼠《ちゅうそ》に毀傷《きしょう》せらる。實《じつ》に徳を累すとなす。吾れ聖人の書を讀む毎に未だ嘗て肅敬《しゅくけい》して之に對せずんばあらず。其の故紙にても五經《ごきょう》の詞義及び聖賢の姓名有れば敢て他に用ひざるなり。

顔氏とは顔回ではなくて、南北朝時代の斉の顔之推《がんしすい》のことであります。なかなかの教養人で、『顔氏家訓』という書物を見ても、思想・見識は勿論、文芸の面から言っても立派なものであります。

人の書物を借りた場合には大事にしなければならない。借りる前にこわれておるところがあった時には、これを補修せよ。これは士大夫として行わねばならぬ百行の一である。

「濟陽」の「濟」は山東の川の名で、「陽」は水の場合には北を指し、陰は南、山の場合は反対。そこで済水の北の江禄という名高い読書人は、書を読んで未だ終らぬ時には、どんな急用があっても、必ず書を元に巻きかえて、（その頃の書物は主に巻物であった）その上で起った。だから書物が損じたりこわれたりすることはなかった。そこで人は彼に書物を貸すのを、むしろ貸せば立派になってかえって来るので、誰も嫌がらなかった。

机上におっぽり出して、あっちこっち散らかすというと、大概幼児や召使いのために汚されたり、風雨虫鼠にこわされたり傷つけられたりする。実に徳を累するものである。自分は聖人の書物を読む時には、未だ曾つて厳粛に敬ってこれに向かわなかったことはない。どんな古紙でも五経の言葉や聖賢の姓名があれば、絶対に他に用いるようなことはしたことがない。

これが人間の心得というもので、大事なことはそれ以前の本能的直観、或は徳性、そういうものを豊かにすることであります。

顔氏家訓に曰く、夫れ讀書學問する所以は、もともと心を開き目を明らかにし、行に利《と》からんことを欲するのみ。未だ親を養ふを知らざるものには、其の古人が、意に先んじ、顔を承《う》け、聲《こえ》を怡《やは》らげ、氣を下し、劬勞《くろう》を憚《はばか》らず、以て甘輭《かんなん》を致すを觀《み》て、惕然《てきぜん》として慙懼《ざんく》し、起って而て之を行はんことを欲するなり。未だ君に事ふることを知らざるものには、其の古人が、職を守りて侵す無く、危きを見て命を授け、誠諫《せいかん》を忘れずして以て社稷《しやしょく》を利するを見て、惻然《そくぜん》として自ら念《おも》ひ、之に效《なら》はんと思欲《しよく》せんことを欲するなり。素《も》と驕奢《きょうしや》なる者には、其の古人が、恭儉《きょうけん》にして用を節し、卑以て自ら牧《やしな》ひ、禮《れい》は教の本たり、敬なるものは身の基なることを觀て、瞿然《くぜん》として自失し、容を斂《おさ》め、志を抑へんことを欲するなり。素《も》と鄙《ひ》悋《りん》なる者には、其の古人が、義を貴び財を輕んじ、私を少くし、慾を寡《すくな》くし、盈《み》つるを忌み、滿《まん》を悪《にく》み、窮《きゅう》を賙《にぎわ》し、匱《とぼ》しきを恤《あわれ》むを觀て、赧《たん》然として悔い耻ぢ、積みて能く散ぜんことを欲するなり。素《も》と暴悍《ぼうかん》なる者には、其の古人が、心を小にし、己を黜《しりぞ》け、齒は敝《やぶ》るゝも舌《した》存し、垢《こう》を含み疾を藏《ぞう》し、賢を尊《とうと》び衆を容《い》るゝを觀て、茶然《てつぜん》として沮喪《そそう》し、衣に勝へざるがごとくならんことを欲するなり。素《も》と怯懦《きょうだ》なるものには、其の古人が、生に達し、命に委《ゆだ》ね、強毅正直《きょうきせいちょく》、言を立つる必ず信あり、福《さいわい》を求めて回《まが》らざるを觀て、勃然奮勵《ぼつぜんふんれい》し、恐懼《きょうく》すべからざらんことを欲するなり。茲《これ》を歴《へ》て以往、百行皆然し、縦《たと》へ淳《じゅん》なる能はずとも泰を去り、甚を去り、之を學んで知る所、施して達せざる無し。世人書を讀んで但《た》だ能く之を言ふも之を行ふこと能はず。武人・俗吏の共に嗤詆《してい》する所、良《まこと》に是れに由るのみ。又数十巻の書を讀むあれば、便ち自ら高大にし、長者を凌忽《りやうこつ》し、同列を輕慢《けいまん》す。人之を疾むこと讎敵《しゅうてき》の如く、之を悪むこと鴟梟《しけふ》の如し。此くの如きは學を以て益《えき》を求めて今反って自ら損ず。學無きに如かざるなり。

顔之推《がんしすい》の家訓に言う、一体書を読み学問する所以は何かと言えば、もともと本当の心を開き、見る目を明らかにして、実践することに活潑ならんことを欲するだけのことである。

まだ本当に親を養ふことを知らない者には、古の人が、顔の色でちゃんと親の欲するところを見抜き、声を和らげ、怒り易いのをぐっとこらえて、苦労を厭うことなく、そうして甘くやわらかく好い気持につくすを観て、心にぐっと恥じ懼れて、起ってこれを行うようにするのである。

まだ君に仕えることを知らぬ者には、古の人がちゃんと職を守って、危きを見ては命懸けでこれを助け、試諫を忘れることなく国家を利するを見て、大いに心に悪かったと感じて、自分もこれにならわんことを思わしめるのである。

もともと贅沢な人間には、古の人が恭倹で用を節約し、身分の低い貧乏生活を以て自から養い、礼は教の本であり、敬は身の基である、という風にしている有様を観て、懼れて忘然自失し、かたちを改めて、贅沢せんとする気持を抑えんことを欲せしめるのである。

心のけちなるものには、古の人が義を貴んで財物を軽ろんじ、私をなくして寡欲で、満ち足りるを忌み嫌い、困窮しておる者を賑わし、貧しき者を憐むのを観て、顔が赤くなって悔い恥じ、財を積んではよく散ぜん事を欲せしむるのである。

暴悍なるものには、古の人が心を小にし、己れをしりぞけ、歯はかけても舌があればよいんで、歯を丈夫にして、口をとんがらせて人と争うようなことをせず、自分に関してはいろいろのはずかしめや悩みをも胸に蔵めて、そうして賢を貴び衆を容れるのを観て、心にぎくりとしてそのままではおれないように、悪に対しては強いが、善に対しては、人に対しては弱い、という風になってもらいたいのである。

生来怯懦なるものには、古の人が、生に達し、命に委ねて、強毅正直、言う言葉には必ず信があり、福を求めて挫けることのないのを観て、勃然として奮励し、なにものも恐れない勇気を出して貫いたいのである。


まあこういうことから始まって、いろいろの行はみなそうである。たとえ淳なる能わずとも、泰を去り――泰は甚に同じ――甚だしきを去って、学んで知る所は施して達せざる事なし。これが聖賢の学問の要旨である。

世人は書を読んで、よく言うけれども、これを行うことをしない。武人や俗吏の共に嗤《わら》いそしるのもただこれによるだけである。

世に学者出でてより有徳を見ず。又ちょっと数十巻の書を読むと直ぐ自から偉くなって、長者をしのぎ、同列のものを見下してしまう。そうして人から讎敵の如く、ふくろうの如く憎まれる。

これでは学問をして益を求めて、却って反対に自から害《そこな》うのと同じで、学問をして人間を害うならば、むしろ学問などない方がよいのである。よし学問がなくとも、善人たることを害うものではないのであります。

自己の本分をつくす

伊川先生曰く、顔淵己れに克《か》ち禮を復《ふ》むの目を問ふ。孔子曰く、非禮《ひれい》視《み》ること勿《なか》れ、非禮《ひれい》聴《き》くこと勿れ、非禮《ひれい》言ふこと勿れ。非禮《ひれい》動くこと勿れと。四者は身の用なり。中に由って而て外に應ず。外に制するは其の中を養ふ所以《ゆえん》なり。顔淵斯の語を事とす。聖人に進む所以なり、後の聖人を學ぶもの、宜しく服膺《ふくよう》して而て失ふことなかるべきなり。因って箴《しん》して以て自ら警《いまし》む。

其の視箴《ししん》に曰く、心や本《もと》虚。物に應じて迹無し。之を操《と》るに要あり。視《し》之《これ》が則たり。蔽・前に交れば、其の中則ち遷《うつ》る。之を外に制して以て其の内を安んず。己れに克って禮を復《ふ》む。久しうして而《すなは》ち誠なり。

其の聴箴《ちようしん》に曰く、人秉《へい》彝《い》あり。天性に本づく。知誘《あざむ》き物化し、遂に其の正を亡《うしな》ふ。卓たる彼の先覺、止まるを知り、定まるあり。邪を閑《ふさ》いで誠を存す。非禮聴くこと勿れ。

其の言箴《げんしん》に曰く、人心の動は言に因って以て宣《の》ぶ。發するに躁妄《そうもう》を禁ずれば、内斯《すなは》ち静専なり。矧《いは》んや是れ樞機《すうき》にして、戎《じゆう》を興し好を出し、吉凶榮辱《えいじよく》、惟《こ》れ其の召《まね》く所なるをや。易《あなど》るに傷《やぶ》るれば則ち誕、煩《わずら》はしきに傷るれば則ち支《し》、己れ肆《ほしいまま》なれば物忤《さから》ふ。出づること悖《もと》れば來ること違ふ。非法道《い》はず。欽《つつ》しめや訓辭《くんじ》。

其の動箴《どうしん》に曰く、哲人幾を知る。之を思に誠にす。志士行を勵《はげ》む。之を爲《しわざ》に守る。理に順へば則ち裕なり。欲に從へば惟れ危し。造次《ぞうじ》にも克《よ》く念《おも》ひ、戰兢《せんきよう》自ら持し、習ひ性と與に成れば、聖賢歸を同じうす。

【大意】程伊川先生いう。顔淵が仁、つまり己に克ち礼を復むという生き方の眼目を質問したのに孔子が答えられていうには、視聴言動という人としての行動のすべてにおいて礼にかなった行動をせよ。つまり、礼にもとることを自分から心を用いて進んで視たり、聴いたり、言ったり、行ったりするな。それが克己復礼を実践する眼目である、と。この四つの眼目は、人としての実践のあり方、つまり内なる本心が外物に対応するあり方を示し、外物に対応するのに礼を以ってして本心の仁を養う方法であるので、顔淵は、この教えを生涯の指針とした。これは聖人に進む方法だから、後世、聖人たらんと志して学ぶ者は、この教えをしっかり胸におさめて、失わないよう心懸けねばならない。そこで自分自身のいましめとして四つの箴を作った。

その一つ、「視箴」――内なる心は大虚のようなもので、外物に対応してもあとかたは残らないものである。そこで心を操り守るに要がある。心のはたらきは目によるから、視ることが心を操り守る準則となる。心を蔽う外物が目前にあるときには、それによって心が動かされないように、これを視ないことによって外物の誘惑を制するので、内の心を安んずることができる。これが己れに克って礼を復むことである。こうして心に私欲が無いので、本心の誠を永く保持できるのである。

その一つ「聴箴」――人の心には、天から降された正理がそなわっている。ところが聴による知覚が外欲に誘い、天性の良心を変えてしまう。そこで、あのすぐれた先覚の教えのように、止まるべき理を知れば、心は常に安定する。心が常に安定すれば、邪を防いで本心の誠を守ることができる。非礼を聴かなければよいのである。

その一つ「言箴」――人の心の動きは、言によって外に広まる。発言で躁妄を禁ずれば内なる心は静専である。ましてや物事の大切な所では、和戦、吉凶、栄辱が言によって別れてしまうのだ。軽易に過ぎれば正しくなくなり、煩多に過ぎればばらばらとなる。己の言が欲しいままだと相手を怒らせ、発言がたがえば相手も逆らう。正しい言葉以外は発言しないという聖人の訓戒に感佩《ぱい》するのだ。

その一つ「動箴」――明哲の人は、機微を知って行動の機微を誠にする。志士は行動を正して妄行しない。理に順えば易に居て安んじ、欲に従えば険を行って危うい。少しの間でもよく考え、自分の行動にあやまちがないよう戦々恐々と反省する。それが習慣となれば、性そのものとなり、遂には聖賢の域に到達できるのである。

「礼」とは今日の言葉で言えば、部分と部分、部分と全体との調和・秩序であります。人間は常に自己として在ると同時に、自己の集まってつくっておる全体の分として、それぞれみな秩序が立っておるのでありまして、これを分際と言う。限界であります。これに対して自分の存在を自由と言う。人間は自由と同時に分際として存在する。これを統一して自分と言うのであります。

従って自己というものは、自律的統一と共に自律的全体であり、全体的な調和であります。これが礼と言うもので、あらゆる自己がそれぞれ分として、自分として、全体に奉仕してゆく、大和してゆく。それが円滑なダイナミックな状態を「楽《がく》」というのであります。「礼」と「楽」とは儒教の最も大切なものの一つであります。

全体的調和を維持してゆくには、どうしても各々が自分にならなければならない、自己になってはいけない。自己は私というもので、私という字は禾偏にムと書きますが、ムは曲がるで、禾を自分の方に曲げて取ることで、それをみんなに分けてやるのが公であります。

如何に自己を抑えて自分になるか。これが「己れに克って礼を復《ふ》む」ということであります。復はかえるでも宜しい。

顔回がそのことを孔子に尋ねた。すると孔子が言われるには、非礼は視てはいけない。非礼は聞いてはいけない。非礼は言ってはいけない。非礼は行ってはいけないと。この四つは身の用である。

そこで、伊川先生はこの視・聴・言・動の四つを箴めとして道の学問に精進したのであります。秉彝《へいい》・秉はとる、彝はつね。即ち不変性法則性を言う。幾は機に同じ。機微・ポイント。非礼は「礼に非ずんば」と読んでも宜しい。

范益謙の座右の戒

范益謙《はんえきけん》座右の戒《かい》に曰く、一に、朝廷の利害・邊報《へんぽう》・差除《さじょ》を言はず。二に、州縣《しゅうけん》官員《かんいん》の長短得失を言はず。三に衆人作す所の過悪を言はず。四に、仕進官職《ししんかんしょく》、時に趨《はし》り勢に附くを言はず。五に、財利の多少、貧を厭ひ、富を求むるを言はず。

六に淫媟《いんせつ》・戯慢《ぎまん》・女色を評論するを言はず。七に、人の物を求覓《きゅうべき》し、酒食を干索《かんさく》することを言はず。

又曰く、一に、人・書信を附すれば開柝《たく》沈滞すべからず。二に、人と並び坐して人の私書を窺《うかが》ふべからず。三に、凡《およ》そ人の家に入りて人の文字を見るべからず。四に、凡《すべ》て人の物を借りて損壊不還《そんかいふかん》すべからず。五に、凡て飲食を喫するに揀擇《かんたく》去取すべからず。六に、人と同じく處《を》るに、自ら便利を擇ぶべからず、七には、人の富貴を見て嘆羨詆毀《たんせんていき》すべからず。凡そ此の数事、之を犯す者あれば以て用意の不肖を見るに足る。心を存し身を修むるに於て大いに害する所あり。因つて書して以て自ら警《いまし》む。

范益謙は北宋の名臣祖禹《そう》の子沖（字は元長）という注もありますが、詳《つまび》かにしません。その座右の戒に曰く、一に、朝廷の利害に関することや国境の問題、或は転任・任命に関することは言わない。その道の人が話し合うのはよいが、何も内状のわからぬものが政府の色々の問題をとやかく言うのはいけないことであります。

又、私生活に公生活・職生活の問題を持込むことも、これは決して好ましいものではありません。水も使いっ放しではいかんので、やっぱり貯めることも必要であります。私生活は言わば貯水池のようなもの、成るべくは別天地にしておきたいものであります。

その意味で同職の夫婦は往々にして失敗するものです。例えば医者が、さんざん患者を診てうんざりして家に帰る。帰ったらこれ又医者の奥さんが患者の話をする。これでは朗《ほが》らかになれる筈がない。夫婦というものは違ったものが一緒になるのでよいのであります。

その意味に於ても男と女は違わなければならない。処が近頃は男が女のように、女が男のようになって区別がつかない。これは生物の世界から見ても退化現象であります。生物の世界も、繁栄する時には多種多様性を帯び、生命力が沈滞して来ると単調になって来る。

今日の文明は余りにも単調になり過ぎております。思想を右と左に分けたり、イデオロギーを振り廻したり、生の複雑微妙な内容や特徴を無視して、極めて単調化してしまう。これは一つの抽象化作用であります。みだりなる抽象化は生の力を阻害する。これは肉体現象でも精神現象でも明瞭なことであります。イデオロギーなどをもてあそぶのは、人間が浅薄になっておる証拠です。だから本当に物がわかって来れば、べらべらしゃべらない。いずれにしても日常の私生活にまで、つまらぬ社会問題など論じない方が良いのであります。

二に、地方官庁の官吏の長短や得失などを言わない。

三には民衆のなすところの過や悪事を言わない。

四に、官職にあっては、時の勢力にくっついて走り廻わる様なことは言わない。

五に、財物や利益を追って、貧乏をいとい、富を求めるようなことは言わない。

六に、性欲や戯慢や女色に関するようなことは言わない。

七に、人に物を求めたり、酒色を催促するようなことはしない。

又言う、

一に、人が手紙を寄越せば、これを開くのを放って置いてはいけない。私などもこれは常に心掛けておるのでありますが、なかなか努力の要ることであります。

二に、人と並んで坐って、他人の私書をのぞいてはいけない。

三に、他人の家に行って、私人の書いたものを見てはいけない。

四に、人に物を借りて、損じたり、返さなかったりしてはいけない。これの代表的なものは書物であります。貸したら最後返って来ない。そこで昔から書物と花だけは泥棒してもよいとも言う。情けあることです。

五に、すべて飲食に択り好みを言ってはいけない。何でも有難く食べるべきです。

六に、人と同じくおるのに、自分だけが都合の好いように択ぶことはいけない。都会におって電車等に乗ると、実際情けなくなります。

七に、人の富貴を見て羨んだり、貶したりしてはいけない。

おおよそこの幾つかの事、これを犯すものは、心掛けのいけないということがわかる。修養するのに大いに害がある。そこで書して以て自から警むるの戒としたのであると。

董仲舒《とうちゅうじょ》曰く、仁人は其の誼《ぎ》を正しうして其の利を謀《はか》らず。其の道を明らかにして其の功を計らずと。

董仲舒は漢の武帝の時代に於ける大官であり、碩学であります。誼とは言葉の宜《よろ》しきを得ることで、道義の義に通ずる語であります。

本文は決して利というものを問題にしないとか、功というものを抹殺するという意味ではない。正誼・明道と功利のどちらを主眼にするかということであります。普通の人間は功利を主眼にするが、仁人はその逆で、正誼・明道を建前にして、その結果どういう利益があるか、というようなことは自然の結論にまかす。

ソ連との貿易問題にしても、やはり人間の良心や道義という点から考えて判断をし、それから後で貿易といったような功利を導き出すことが肝腎であります。

無欲の生活

呂正獻公《りょせいけんこう》、少より學を講ずるに、即ち心を治め性を養ふを以て本と爲し、嗜慾《しよく》を寡《すくな》うし、滋味を薄うし、疾言遽色《しつげんきょしょく》無く、窘《きん》歩無く、惰容無し。凡そ嬉笑《きしょう》・俚近《りきん》の語、未だ嘗て諸《これ》を口より出ださず。世利・紛華《ふんか》・聲伎《せいぎ》・游宴《ゆうえん》より以て博奕《ばくえき》・奇玩《きがん》に至るまで淡然として好む所無し。

【大意】呂正献公は若いころより学を講じて来たが、心を治め、性を養うことを本旨として、無欲で粗食、態度は常に落ち着いていた。言葉もつつしみ、まして芸者の侍る宴会やばくち等には興味がなかった。

呂正獻公・名は哲、後に賢者たらんことを希うて希哲と改む。正獻公は諡《おくりな》。疾言遽色は早口で物を言い、顔色を急に変えること。窘歩の窘は「せかせか歩く」意であります。

東洋にはこういう人が多い。余り物欲に捉われない、貧乏も浪人も苦にならない。これは精神生活が発達しておるからであります。

私が学生の頃から忘年の交わりをした人に寒川鼠骨《さむかわそこつ》という人があります。松山の出身で、子規門下の俳人でありますが、深く禅にも参じておった。実に淡然として好むところの無い人で、従って勿論貧乏であった。絵画に画商というものがある如く、俳句にも俳商という者があって、虚子などもこれをうまく利用して有名になった人でありますが、寒川先生は全くそういうことはやらなかった。

或る時、丁度そういう俳商の一人が訪ねて来て、しきりに先生をおだてては短冊を書いて商売をさせろと言う。私は側でじっと聞いておったのですが、先生目を丸くして、うーん、某々はそんなにとっておるのかと言って感心している。しばらくして先生が言うのです、「そうなると金が出来るね、わしは長年貧乏と親友で、今更金が出来ると困るんだ……」、そう言って俳商を追っ払ってしまった。

これは財ばかりではありません。地位でも名誉でもそうです。大学の時代に神奈川県の知事に何某という人がおりまして、親父さんは土佐の田舎で船頭をやっておった。それで息子の知事は気になって仕方がない。或る時田舎に帰って、もう好い加減にやめてくれと頼んだが、お前は知事かも知れんが、わしはこれじゃ、と言って問題にしなかったという。

こういう心境を持っておれば階級闘争などは起こらないでありましょう。どうも今の人間は功利にばかり執着して、精神生活を持つことを知らない。そのために世の中がますます複雑になり、苦しくなっている。そうしてみんな悩んでおるのであります。

胡文定《こぶんてい》公曰く、人は須《すべか》らく是れ一切の世味《せみ》淡薄にして方に好かるべし。富貴の相あらんことを要せず。孟子謂ふ、堂の高さ數仞《じん》、食前方丈《しょくぜんほうじょう》、侍妾《じしょう》數百人、吾れ志を得とも爲さずと。學者須らく先づ此等を除去して常に自ら激昂すべし。便《すなわ》ち墜墮を得るに到らず、常に愛す。諸葛孔明、漢末に當って南陽に躬《みずか》ら耕し、聞達《ぶんたつ》を求めず。後來劉《こうらいりゅう》先生の聘《へい》に應じ、山河を宰割《さいかつ》し、天下を三分し、身・將相に都《を》り、手・重兵を握る。亦何を求めてか得ざらん、何を欲してか遂げざらんと雖も、乃《なわ》ち後主に與へて言へらく、成都に桑八百株、薄田十五頃《けい》あり。子孫の衣食自ら餘饒《よじょう》あり。臣が身は外に在つて別に調度無し。別に生を治めて以て尺寸を長ぜず。死するの日の若《ごと》き、廩《くら》に餘粟《よぞく》あり、庫に餘財有らしめて、以て陛下に負《そむ》かじと。卒するに及んで果して其の言の如し。此の如き輩の人、眞に大丈夫と謂ふべしと。

胡文定公が――胡文定公は南宋の烈士、春秋学の大家安国のことであります――言うのには、人間は世の中の味、即ち物欲生活というものには淡白で丁度好いのである。別に富貴の相あるを要しない。「堂の高さ数仞、食前方丈、侍妾数百人、吾れ志を得とも為さず」と孟子も言っておるが、学に志すものは是非共こういうものは除き去って、自からを高めるべきである。激昂は高める事で、ここでは興奮する意味ではない。そうすれば堕落せずに済む。

いつも好きな話だが、諸葛孔明は漢末に当っては南陽に自から耕し、少しも出世することなど求めなかった。後年劉備の招請に応じて、山河を宰割し、天下三分(魏・呉・蜀)の計を立てて、身は将軍・宰相の地位に、掌中には軍の枢機を握った。

　こうして何を求めても得ざるなく、何を欲しても遂げざる事なき有様であったけれども、後主に与えて言うには、成都には桑八百株、荒れた田地ではあるが十五頃（一頃は八畝）ある。子孫の衣食には余りがあります。自分の身は外にあって、別に調度もないし、財産をふやす必要もありません。私が死んだ時に家を調べたら、庫にどっさり食糧がつまっておったり、金も沢山あったというようなことをして、陛下に背くようなことは致しません。若しそういうことがあるとしたら、これは地位・権力を利用して私を肥らせたことになる。

　死するに及んで果してその言葉の通りであった。こういう種類の人こそ真に大丈夫と言うのである。

　われわれも子供の時分からこんなことばかり教えられたので、妙に金などあると苦痛に感じる。だから私はいつも金を持たないことにしております。みんなそれを知っておるので、喜んで用を足してくれる。戦争中でも私は代用食など食べず、酒にも不自由しませんでした。みんな持って来てくれました。処が世の中というものは面白いもので、今日のように物が豊かになると、誰も持って来てくれる人がありません。世の中が不自由になると、私は豊かになる、誰か持って来てくれる。無は無限に通じるときめてのんき気な生活です。

学問や芸術は功利のためにやるのではない

胡子《こし》曰く、今の儒者文藝を學び、仕進《ししん》を干《もと》むるの心を移して以て其の放心を收《おさ》め、而て其の身を美《よ》くせば、則ち何ぞ古人に及ぶべからざらんや。父兄は文藝を以て其の子弟に令し、朋友は仕進を以て相招く。往《ゆ》いて而て返らざれば則ち心始めより荒《すさ》んで而て治まらず。萬事の成ること咸《みな》古先に逮《およ》ばず。

胡子は胡文定公の子供で、名は宏、号を五峯《ごぼう》と申します。本文はその著『胡子知言』にあります。

今の儒者は、今日の所謂学者・評論家といった連中は、思想表現の技術である文学や芸術を学ぶのに、みなそれを名聞利達・出世の目的のためにやっている。そういう他に移しておる心を、外に放っておる心を一度取戻して、そうして自分自身をよくしたならば、どうして古人に及ぶことが出来ないということがあろうか。

処が親達はそういう功利的手段に過ぎない知識・技術を以て、やれうまくなれと命令する。友達は名聞利達を以て派閥をつくって相招く。所謂コネをつくるというようなことをやる。そういうことばかりやっておって一向に反省しなければ、心が初めから荒んで治まらないから、万事成ることみな昔に及ばない。

だんだん文明が逆に退化するというわけであります。これは千古変わらぬ原則であり、真理であります。

或る有名な学者・評論家に、「どうして君はソ連や中共の提燈《ちょうちん》持ちをやるのだ」と訊いたら、「その方が得だからね」と答えたということでありますが、これが実際の本音であろうと思う。そもそも日本の思想が混乱して来た原因は、勿論いろいろありますが、政策的・政治的に言って混乱の始まりは、前大戦直後の政友会内閣が党利党略をかねて旧制高校の増設をやったことであります。

そのために従来の八高校が二十余の高校に増加し、教員の不足を中学校の教師を昇格させてこれに当てた。処がなんと言っても大戦後のこととて思想が極度に混乱して、懐疑的な思想や否定的な行動が流行する、又そういう著作が宣伝紹介される。そういう時ににわか教授達は、どうすればこの時勢に、若い学生達に受けるかというので、みんな便乗して盛んに否定的懐疑的な文学や評論を宣伝したのであります。

こうして日本の高等教育機関の混乱が始まったと申して宜しい。今度の戦後も亦同じであります。

人間も植物と同じく剪定する必要がある

明道先生曰く、道の明らかならざるは異端之を害すればなり。昔の害は近うして而ち《すなは》知り易し。今の害は深うして而ち辨じ難し。昔の人を惑はすや其の迷暗に乗じ、今の人に入るは其の高明に因る。自ら之を神を窮《きわ》め化を知ると謂ひて、而も以て物を開き務を成すに足らず。言周徧《げんしゅうへん》ならざるなしと爲して、實は則ち倫理に外れ、深を窮め微を極めて而も以て堯舜の道に入るべからず。天下の學、淺陋《せんろう》固滞に非ずんば則ち必ず此れに入る。道の明らかならざるに自《よ》るなり。邪誕妖妄《じゃたんようもう》の説競ひ起り、生民の耳目を塗り、天下を汚濁に溺らしむ。高才明智と雖も見聞に膠《なづ》み醉生夢死《すいせいむし》して自ら覺らざるなり。是れ皆正路の蓁蕪《しんぶ》、聖門の蔽塞《へいそく》、之を闢《ひら》いて而る後以て道に入るべし。

程明道先生曰く、「道の明らかならざるは異端之を害すればなり」。道の明らかにならないのは、つまり根本に対する異端邪説が害するからである。本筋から離れて行うから、これが害になる。

その弊害も昔は近くて知りやすかったが、今は深くてなかなか弁じ難い。昔の世人は知識が余り発達しておらなかったために、無知である。その無知に乗じて人を惑わす。今の知に惑の入りこむのは、知識が発達してなんでもわかるために、その発達した知識につけこむ。自分自身は深いところを極め、造化の理を知っておるのだと思うて……。

しかもその知性というものはどうかと言うと、開物成務、本当に物の秘めた性能を開発して、なさねばならぬ人間社会の大切な務めを完成してゆく役には立たない。文章や議論等が行届いておるようであって、実は人間同志の理念に外れ、そうして深を極め、微を極めて、堂々たる恰好はするが、然も人間の本当の進歩向上を計る道にはいることが出来ない。

およそ世の中の学というものは、浅くて卑しく、或はかたくなに停滞しておるのでなければ、逆にこういう風に開物成務にはならないのである。これはとらねばならぬ本当の道が明らかでないからである。

そこでよこしまな、でたらめな、或は変なみだりがましい説が競い起こって、民衆の耳目を塗りつぶし、天下を汚濁に溺らせるのである。高才明智のある人も見聞になずんで、酔生夢死して自から覚ろうとしない。これ皆正しい路がいばらで荒れ阻まれ、神聖な門がふさがってしまっておるからで、これを開いた後に、何が本当の智であり、道であるかということを明らかにし、然る後本当に人間を向上の道に進めてゆくことが出来る。

全くその通りであります。

陶侃《かん》廣州の刺史《しし》となる。州に在って事無ければ輒《すなは》ち朝に百甓《へき》を齋外《さいがい》に運び、莫《くれ》に齋内《さいない》に運ぶ。人其の故を問ふ。答へて曰く、吾方《まさ》に力を中原に致さんとす。過爾《かじ》に優逸せば、恐らくは事に堪へざらんと。其の志を勵《はげ》まし力を勤むる皆此の類なり。後に荊州《けいしゅう》の刺史となる。侃《かん》・性聰敏《そうびん》にして吏職《りしょく》に勤む。恭にして而て禮に近づき、人倫を愛好し、終日膝を斂《おさ》めて危坐す。閫《こん》外多事にして、千緒萬端《せんしょばんたん》なれども遺漏《いろう》有る罔《な》く、遠近の書疏手答《しょそしゅとう》せざる莫《な》し。筆翰《ひっかん》流るる如く、未だ嘗て壅《よう》滞せず。疏遠を引接し、門に停客無し。常に人に語って曰く、大禹は聖人なるに乃《すなわ》ち寸陰を惜めり。衆人に至っては當《まさ》に分陰を惜むべし。豈《あ》に逸遊荒酔《いつゆうこうすい》すべけんや。生きて時に益《えき》なく、死して後に聞ゆる無きは是れ自ら棄つるなりと。諸参佐《しょさんさ》譚戯《たんぎ》を以て事を廢する者あれば、乃ち命じて其の酒器蒲博《ばはく》の具を取って、悉《ことごと》く之を江に投じ、吏卒《りそつ》には則ち鞭扑《べんぼく》を加ふ。曰く、樗蒲《ちょぼ》は牧猪奴《ぼくちょど》の戯《ぎ》のみ。老荘浮華《ろうそうふか》は先王の法言に非ず。行ふべからざるなり。君子は當に其の衣冠《いかん》を正し、其の威儀《いぎ》を攝《をさ》むべし。何ぞ亂頭養望《らんとうようぼう》して自ら弘達と謂ふ有らんやと。

陶侃は陶淵明《とうえんめい》の曽祖父に当る人で、本文は『晋書列伝』の中の「陶侃伝」にある。陶侃が今の広東地方の長官になった。毎日役所にあって、仕事がなければ、朝、書斎に積んである瓦を外に運び、夕暮に又それを内に運ぶ。人がそのわけを訊ねたところ、答えて言うには、「吾方に力を中原に致さんとす」。丁度南北朝の大動乱の始まる直前であります。今に本土が大動乱になれば、私は懸命の力を捧げねばならん。のらくらと好い加減にやっておったら、恐らくはその任に耐えることが出来ないであろう。そのために今から身心を鍛え力をつくっておくんだと。後、荊州の長官となる。荊州は揚子江中流の要害の地で、南北勢力の激突する一つの中心地であります。

侃は性聡敏で官庁の職務に精励した。恭にして礼に近づき、人倫を愛好し、終日膝をそろえて坐っていた。当時は日本と同じ坐り方であります。役所の仕事以外に人間生活の用事が多く、それでいて万端遺漏なく、親しいものや疎遠なものから来る手紙だの意見書だのには、一々答えざることがなかったという。なかなか出来ないことであります。筆翰は流るる如く、未だかつて停滞したことはなかった。疎遠なものでも引接し、門に停る客がないくらいであった。

常に人に語って言うには、大禹は聖人でありながら寸陰を惜しんだ。衆人に至ってはそれこそ分陰を惜しむべきである。どうして安逸に狎《な》れ酒をくらってばかりおってよかろうか。生きてその時代に益なく、死んで後に名も聞えないのは、自分自からこれを棄てるのである。

諸々の輔佐役でつまらぬ娯楽や遊戯をやって仕事をしない者があると、命令して酒器や博奕道具を取り上げ、ことごとく揚子江にぶち込み、下役人や防衛関係の下っ端役人には鞭をふるってこれをぶった。

そうして言うには、賭事は豚飼いの道楽に過ぎない。老荘浮華は観念や文筆の遊戯で、見てくれはよいが、人間が法とするに足る正しい言葉ではない、行うべきではない。君子というものは必ず衣冠を正し、威儀を整えなければならない。頭髪を乱し、そういうことを以てしゃれておると思っておるような人間が、物に拘泥《こうでい》しない、人間が出来ておるという道理があろうかと。

朋友の道

司馬温公嘗て言ふ、吾れ人に過ぐるもの無し。但だ平生爲す所、未だ嘗て人に對して言ふべからざるもの有らざるのみ。

自分は人に過ぐるものがない、平凡である。ただ平生行うところ、未だかつて人に言うことの出来ないようなものがないだけのことであると。

これは然し偉大なことだ。

劉忠定《りゅうちゅうてい》公、温公に見え、心を盡《つく》し己を行ふの要、以て終身之を行ふべきものを問ふ。公曰く、其れ誠か。劉公《りゆうこう》問ふ、之を行ふ何をか先にす。公曰く、妄語せざるより始む。劉公初め甚だ之を易とす。退いて而て自ら日に行ふ所と凡《つね》の言ふ所とを隠栝《いんかつ》するに及んで、自ら相掣肘矛盾《あいせいちゆう》するもの多し。力行すること七年にして而る後成る。此れより言行一致、表裏相應じ、事に遇うて坦然《たんぜん》常に餘裕有り。

【大意】劉忠定公が司馬温公に謁見した折に、心を尽くして己を行う生き方の要諦で、一生実践すべきことを問うた。温公は、それは誠であろうかと答えた。誠であるためには何が大切かと問うた。それは妄語（言語不一致）しないことからとりかかることだと答えた。劉公はそれはたやすいことだと初め思ったが、帰ってから自分の日頃の言動を反省してみると、言行が一致しないことの多いことに気づいた。以来、七年努力した結果、両者が一致するようになった。それから後は、言行は一致し、裏表がなくなって、物事への対応が容易になり、心に余裕が生ずるようになった。

隠《いん》も栝も曲がらぬようにする撓木《ため》のこと。何事も力行することが大事であります。

丹書に曰く、敬・怠に勝つ者は吉なり。怠・敬に勝つ者は滅ぶ。義・欲に勝つものは従《したが》ひ、欲・義に勝つものは凶なり。（『禮記』）

丹書は今日伝わっておりません。周の武王・位について、太公望に皇帝の道を尋ねたところ、丹書に曰くと言って説明したということであります。

曲禮に曰く、敬せざること毋《なか》れ。儼《げん》若として思ひ、辭《じ》を安定し、民を安んぜんかな。敖《おごり》は長ずべからず。欲は従《ほしいまま》にすべからず。志は滿たすべからず。樂は極むべからず。賢者は狎《な》れて而も之を敬し、畏れて而も之を愛し、愛して而も其の悪を知り、憎みて而も其の善を知り、積みて而も能く散じ、安に安んじて而も能く遷る。財に臨みて苟得《こうとく》する毋れ。難に臨んで苟免する毋《なか》れ。狼《あらそ》うて勝を求むる毋《なか》れ。分ちて多を求むる毋れ。疑はしき事は質《さだ》むる毋れ。直くして而て有する毋れと。

【大意】曲礼にいう。敬する（つつしむ）心がなくてはならない。敬を以て思い、敬を以て辞を安定させ、敬を以て民を安んずることができるのだ。敖は長ずべからず。欲は従にすべからず。志は満たすべからず。楽は極むべからず。これらはすべて敬することである。次に掲げる賢者の行為も、すべて敬することの表われである。次の六つの禁止事項も、敬することの具体的な戒めである。

「曲礼」は『礼記中』の一篇。

浅はかな人は、こんなことを一々苦にしておれば何も出来ないと言うが、それは大きな間違いであります。

君子に九思あり。視には明らかならんことを思ふ。聴《ちょう》には聰《そう》ならんことを思ふ。色には溫《おん》ならんことを思ふ。貌《ぼう》には恭ならんことを思ふ。言には忠ならんことを思ふ。事には敬ならんことを思ふ。疑には問はんことを思ふ。忿《いかり》には難を思ふ。得を見ては義を思ふ。　（『論語』）

【大意】君子には身の行いをなすに当り、特に思いをいたして念願することが九つある。

一つは、物を見る場合に、誤りなく明らかに見たいと考えること。二つは、物を聴く場合に、さとく明瞭に聞き分けたいと念願すること。三つは、自分の顔色容貌は常に温雅であるように心掛けること。四つは、自分の態度は常にうやうやしく慎みのあるように心掛けること。五つは、自分の言葉は心の誠から出すようにと心掛けること。六つは、事を執り行う場合には、過ちなくするよう心掛けること。七つは、疑問に突き当たった場合には、下問を恥じず、すべての人に尋ね問うよう心掛けること。八つには、忿怒の情が起こった場合には、一時の怒りのために後難をいたしはせぬかと思いをいたすこと。九つには、利得に直面した場合には、それを得ることが正しい道理に叶っているか否かについて思いをいたすことである。

世界最初の医書と言われる『素問』の第一章には、聖人は恚嗔《いしん》の心なしと言っている。近代アメリカ医学は、人間の感情と汗や呼吸等との関係を調べて、怒りがもっとも毒素を出すことを証明している。その毒素の注射をしたモルモットは頓死したと言う。癌に罹る人に怒りっぽい人が多いそうであります。従って、「おんにこにこ、腹立つまいぞや、そわか」が一番良いのであります。然し余り怒らぬと人間はだれる。私憤はいけないが公憤は良い。それよりも自分の不肖に対する怒りは大いに発したいものであります。

伊川先生曰く、近世淺薄《せんぱく》、相歡狎《あいかんこう》するを以て相與《くみ》すと爲し、圭角《けいかく》無きを以て相歡《あいかん》愛《あい》すと爲す。此《か》くの如きもの安《なん》ぞ能く久しからん。若し久しきを要《＊よう》せば、須らく是れ恭敬なるべし。君臣朋友皆當に敬を以て主と爲すべきなり。

＊この要は「久しくありたいなら」の希望の意

【大意】程伊川先生いう。近世になって世情が浅薄になり、なれなれしくすることを友好と考え、当たりさわりのないことをもって友好としている。そのような友好は永続きしえない。もし永続きを求めれば、恭敬が必要となろう。君臣の間も、朋友の間も、みな敬を主軸にせねばならない。

程朱の学は、道徳学的に見てカントの哲学に相通ずるものがあります。よく、

「私は圭角があります」と申しますが、圭とは玉ということで、人を論ずるのに、あれは圭角があるというのはよいが、己れを論ずるのに、私は圭角がある、と自分を玉にするのはとんでもないことであります。

官は宦《かん》成るに怠り、病は小癒に加はり、禍は懈惰《かいだ》に生じ、孝は妻子に衰ふ。此の四者を察して、終を愼むこと始の如くせよ。詩に曰く、初め有らざる靡《な》し。克《よ》く終り有る鮮《すくな》しと。

官と宦は大体同じ意味でありますが、強いて区別する時には、官は一般的総称、宦は人間を主として具体的に用いる。文字本来から言えば、役所の中に書類等の山積しておるのが官。宦は臣下が官庁の中におるという文字であります。

出世するに従って役人は怠けて来る。病気は少し治って来た時に気が弛み、不養生をして悪くなる。禍は怠けるところから生じて来る。親孝行は女房子供を持つ頃から衰えて来る。誠にその通りであります。だから『詩経』にも、「初め有らざる靡《な》し。克く終り有る鮮し」と言うてある。

【解説】『詩経』にも「何事でも、初めはともかくやっていくが、それを終わりまで全うする者は少ない」といっているように、有終の美を完うすることはむずかしい。そこで「終を慎むこと始の如くせよ」ということになる。

言・忠信、行・篤敬《とくけい》ならば、蠻貊《ばんばく》の邦と雖も行はれん。言・忠信ならず、行・篤敬ならずんば、州里と雖も行はれんや。（『論語』衛霊公篇）

【大意】言う言葉にまことがあり、行いが篤くうやうやしければ、遠方の野蛮国においても必ずその道が行われるであろう。これに反して、言う言葉にまことがなく、行いが篤くうやうやしくなければ、近くの郷党においてさえ、その道が行われる筈はない。

民衆の程度の低いところへ行けば直ぐわかる。如何に理窟が達者でも、如何に文章が上手でも、なんにもならない。人間そのものでなければ通じない。

曾子曰く、君子は文を以て友を會し、友を以て仁を輔《たす》く。（『論語』先進篇）

古来教養ある階層に普及した名言であります。文とは今日でいう教養であります。教養を以て友を集める。利を以て会するのではない。そうして友を以て仁を輔く。仁とは限りないわれわれの進歩向上を言う。文会輔仁《ぶんかいほじん》、わが師友会もこれを以て旨としておるのであります。

孔子曰く、朋友は切々偲《し》々たり。兄弟は怡《い》々たり。（『論語』子路篇）

切々偲々は努力する形容詞。怡々は喜ぶ、楽しく愉快にすること。簡単でしかも無限の意味を含んだ一文であります。

善は人間の生命であるけれども、肉親の間柄で、兄弟は勿論父子の間でも、これを責めるということはよくないと孟子が論じております。肉親はつながって一体でなければならん。離れるということは禍これより大なるはない。だから善と雖もこれを責めることはよくない。和やかに愛情の中にひたっておらねばならない。それが怡々であります。

然しそれだけでは人間はだらけてしまう。そこで切磋琢磨してお互いに磨き合う必要がある。それは肉親の間では出来難い。よって師と友に託して教育して貰う。だから師弟とか朋友とかいうものは、お互いに磨き合うことが根本義であります。父子・兄弟と師友とが相俟って初めて円満な進歩向上が得られるのであります。

孟子曰く、善を責むるは朋友の道なり。

これは『孟子』の離婁《りろう》篇にある語で、その前に父子の間で善を責め合うことはいけないと論じている。師弟の間も同じことで、善を責め合うにはやはり朋友が一番であります。何を言っても構わない。大いに論じ合ってお互いにみがく。怒るような人間は友とするに足りない。

子貢・友を問ふ。孔子曰く、忠告して而て之を善道す。可《き》かれざれば則ち止む。自ら辱むること毋れ。

子貢が孔子に「本当の友たるの道はなんでしょうか」と尋ねた。すると孔子は、「忠告してこれを善導する。しかし聞き容れられない時には一旦止めるがよい。無理強いをすると反撥するばかりで、却って自分を辱めることになる」と。相手が人間のことでありますから、いくらこちらが正直に友誼《ゆうぎ》をつくしても、その善意がわからずにとんだ誤解を招いたり、失敗したりすることもある。余り無理をしないことが肝腎であります。

益者三友。損者三友。直を友とし、諒《まこと》を友とし、多聞を友とするは益なり。便辟《べんぺき》を友とし、善柔《ぜんじゅう》を友とし、便佞《べんねい》を友とするは損なり。

益になる三種類の友達と、徳を損ずる三種類の友達がある。

正直な人を友とし、誠のある人を友とし——諒は諒解《りようかい》の諒で、「うん、もっともだ」とうなずける誠——見聞の広い人を友とする。自分の知らないいろいろの見聞に長じておって、珍しい話をきかせてくれる友達は実に楽しいものであります。

これが益者三友。これと反対に所謂世慣れた人を友とし——便辟は便利・利益本位、或は抵抗のない安直なの意。辟はかたよる、或は避に同じで、厄介なことはさけて、相槌をうつ、調子を合わせるの意。気軽に調子を合わせてゆく誠意や実意のないことを便辟という——又善であるけれども、ぐにゃぐにゃして事勿《ことなか》れ主義の人を友とし、調子を合わせて媚《こ》びる人を友とする。これは損者三友である。

便佞の佞という字は、信と女をくっつけた佞と、仁に女を加えた佞と二通りありますが、従って元来は善い意味を持った文字であります。

仁愛に富んだ信のある女の言葉は必ずやさしいものである。行届いて気持がよい。そこで信から出る行届いた挨拶・言葉遣いを佞と言う。それが出来ぬというので、つまりろくなあいさつもできぬという意味で、自分のことを不佞《ふねい》というのであります。

処がだんだん意味が変わって来て、口先だけの信のないことを佞というようになり、佞奸《ねいかん》などと使われるのが普通になってしまったわけであります。

孔子曰く、晏平仲《あんぺいちゅう》善く人と交る。久しうして人之を敬す。

晏平仲は管仲《かんちゅう》・晏子《あんし》と言って並び称せられる春秋時代の斉の名宰相であります。晏子の行蹟などを拾い集めた『晏子春秋』という本がありますが、立派な書物で、晏子の人柄がよく偲ばれるのであります。

その晏子を孔子が褒めて、「久しうして人之を敬す」と言う。大抵は人と交わって久しうすると、人を侮るものです。久敬という言葉がありますが、年が経つにつれて敬意を払うようになってこそ本物であります。

恩讎《おんしゅう》分明、此の四字は有道者の言に非ざるなり。好人無しの三字は有徳者の言

に非ざるなり。後生之を戒めよ。

恩と讎を余りはっきり分けるというようなことは、道を体得したものの言葉ではない。又、好人無し、ろくな奴はおらぬ、などというのは徳の有る人間の言うべき言葉ではない。

終戦当時、進駐軍の顧問として日本に来た所謂進歩的文化人がありますが、「日本にはろくな奴はおらん、立派な人間は牢屋にはいっておる人間だけだ」と言って、徳田球一や志賀義雄等を解放した。つまり好人無しであります。

もっともその為に公使として再び日本にやって来た時には、心ある日本の識者達から相当反対されて問題になったのでありますが、こういうことを口に出す本人自身已に好人でないことがよくわかるのであります。

横渠《おうきょ》先生曰く、今の朋友は、其の善柔を擇《えら》び、以て相與《くみ》し、肩を拍《う》ち袂《たもと》を執って以て氣合ふと爲す。一言合はざれば怒氣相加《しの》ぐ。朋友の際は其の相下りて倦《う》まざらんことを欲す。故に朋友の間に於て、其の敬を主とする者は、日々に相親與《しんよ》し、效《こう》を得る最も速やかなり。

【大意】張横渠先生いう。今の朋友はたくみにへつらうことをえらんで交友し、お互いに肩をたたきあい、たもとをとりあって意気投合と考えている。このような交友では、意見が合わないとすぐに怒り出してしまうことになる。真の朋友の間柄というものは、お互いに譲り合って努力していくことが必要である。だから、朋友の間で敬を主軸にする場合は、日々に交友が深まり、交友の効も最速に得られるのであると。

終戦の詔勅にある「万世の為に太平を開く」とはこの人の語であります。宋の宰相・王安石と意見が合わず、陝西《せんせい》省の横渠《おうきょ》というところに帰って学問に専心し、生涯を送った。名は載と言い、字を子厚と言う。若い時から華厳《けごん》等も学び、だんだん儒学にはいって達した人であります。

子弟にはかく教うべし

馬援《えん》の兄の子、嚴《げん》と敦《とん》と並びに譏議《きぎ》を喜《この》みて、而て輕俠《けいきょう》の客に通ず。援交趾《こうし》に在り。書を還して之を誡めて曰く、吾れ汝が曹・人の過失を聞くこと父母の名を聞くが如く、耳聞くを得べきも、口言ふを得べからざるが如きを欲す。好んで人の長短を議論し、妄りに正法を是非するは、此れ吾が大に悪む所なり。寧《むし》ろ死すとも子孫に此の行有るを聞くことを願はざるなり。龍伯高《りゅうはくこう》は敦厚《とんこう》・周愼《しゅうしん》にして、口に擇言《たくげん》無く、謙約・節儉《せっけん》・廉公にして威有り。吾れ之を愛し、之を重んず。汝が曹之に效《なら》はんことを願ふ。杜季良《ときりょう》は豪俠《ごうきょう》にして義を好み、人の憂を憂へ、人の樂みを樂み、清濁失ふ所無く、父の喪に客を致《まね》けば、數郡《すうぐん》畢《ことごと》く至る、吾れ之を愛し之を重んず。汝が曹の效《なら》はんことを願はざるなり。伯高に效ひて得ずとも猶ほ謹敕《ちょく》の士と爲らん。所謂鵠《こく》を刻んで成らずとも、尚鶩《ぼく》に類する者なり。季良に效ひて得ずんば、陷りて天下の輕薄子《けいはくし》と爲らん。所謂虎を畫いて成らず、反って狗に類する者なり。

後漢光武の、名将馬援の兄の子の厳と敦の二人は共になんでもそしることが好きで、その上軽薄な志士気どりのつまらぬ男だてと交わっておった。丁度馬援が今のベトナム地方に当る総督をしておった時分に、多分甥達から来た手紙には、時の宰相をそしったようなことが書いてあったのでありましょう。

その甥たちへの手紙の返事にこれを誡《いまし》めて言うには、私は、お前達が人の過を聞くこと父や母のことをとやかく言われるように、耳にははいるが口に出すにはしのびない様であって欲しいと思う。お前達の様な修業中の未だ物事のよくわからぬ青二才は、好んで人の長所や短所を議論したり、みだりに国家の正しい法を批判するのは、私のもっとも悪むところである。死んでも子孫にこのような行のあることは聞きたくない。

竜伯高（名は述、字は孔明）という人は重厚で慎み深くて、言語みな法にかない、謙約・節倹、清廉公明で、威厳があった。自分はこれを愛し、重んずるものである。

お前たちも見習って欲しい。

又杜季良という人は軍系統の人であるが、豪侠で義を好み、人の憂える所を憂えてやり、人の楽しむところを一緒になって楽しみ、清は清、濁は濁でちゃんとのみこんで、父の葬儀には数郡の人々がことごとく参列した。それだけ人望があったわけであります。自分はこれを愛し、重んじておる。然しお前達のこれを見習うことは願わないのである。

竜伯高を真似て、よし達することが出来なくとも、謹敕《きんちょく》の人間になることが出来るであろう。所謂おおとりを刻んで成就することが出来なくとも、竜伯高のアヒルになることは出来る。杜季良を見習って達することが出来なければ、陥って天下の軽薄子となるであろう。丁度虎を画いて、犬になってしまうようなものであると。

世の中には、ご本人は一人前の国士のつもりでおるが、実際は画かれた犬の如き者も確かに少なくない。

諸葛武侯、子を戒むる書に曰く、君子の行は静以て身を修め、倹以て徳を養ふ。

澹泊《たんぱく》に非ざれば以て志を明らかにすること無し。寧静《ねいせい》に非ざれば以て遠きに致ること無し。夫れ學は須らく静なるべきなり。才は須らく學ぶべきなり。學に非ざれば以て才を廣むることなし。静に非ざれば以て學を成すこと無し。滔慢《とうまん》なれば則ち精を研《みが》くこと能はず。険躁《けんそう》なれば則ち性を理《おさ》むること能はず。年・時と與に馳せ、意・歳と與に去り、遂に枯落を成し窮盧《きゅうろ》に悲歎するも將《は》た復《ま》た何ぞ及ばん。

【大意】諸葛孔明は子に訓戒して次のようにいっている。君子は心を落ち着かせて身を修め、行いを慎んで徳を養うものだ。心静かで無欲でないと志を明らかにできないし、安らかで落ち着いていなくては、遠く究め尽すことができない。学問は、心を落ち着かせてなさねばならない。才幹も学問なしには伸びない。大いに学ぶべきだ。心を落ち着かせて学び続けなければ成就は期し難い。高慢であっては、心をみがくことができず、がさつであっては、本性を理《おさ》めることができない。光陰もたちまちに去り、意欲も亦衰えてしまうものだ。空しく若い日を過ごして後悔しても、とりかえしはつかないのだと。

滔慢は「高慢ちき」の意。さすがに親の子、孔明の子の瞻《せん》は決して父を辱づかしめなかった。魏と戦って戦死しております。蜀の楠木正行であります。又その子の尚は、魏が蜀を攻略した時に殉職しております。諸葛三代の誠忠は丁度支那に於ける楠氏の一族と言うべきであります。あの支那嫌いの平田篤胤《あつたね》でさえ、孔明を孔子以後の第一人者と褒めております。

疏廣、太子の太傅《ふ》たり。上疏して骸骨を乞ふ。黄金二十斤を加賜し、太子五十斤を贈る。郷里に歸《かえ》り、日に家をして供具し、酒食を設けしめ、族人・故舊《こきゅう》・賓客《ひんきやく》を請うて相與に娯樂す。數々《しば》其の家に金の餘り尚幾斤有りやを問ひ、趣《うなが》し賣って以て供具す。居ること歳餘、廣《こう》が子孫、竊《ひそ》かに其の昆弟《こんてい》老人の廣が信愛する所の者に謂うて曰く、子孫・君の時に及んで頗《すこぶ》る産業の其址《きし》を立てんことを冀《ねが》ふ。今日飲食の費且《ひまさ》に盡《つ》きんとす。宜しく丈人《じょうじん》・君に勸説する所に從って田宅を置くべしと。老人即ち間暇《かんか》の時を以て廣が爲に此の計を言ふ。廣曰く、吾・豈に老悖《はい》して子孫を念《おも》はざらんや。顧ふに、自ら舊田廬《きゅうでんろ》有り。子孫をして其の中に勤力《きんりき》せしむれば、以て衣食を供するに足ること凡人と齊《ひと》し。今復た之を増益《ぞうえき》して以て贏餘《えいよ》を爲さば、但だ子孫に怠惰を教ふるのみ。賢にして財多ければ則ち其の志を損ず。愚にして財多ければ則ち其の過を益す。且つ夫れ富は衆の怨なり。吾れ既に以て子孫を教化する無きも、其の過を益して、而て怨を生ぜしむるを欲せず。又此の金は聖主が老臣を惠養《けいよう》する所以なり。故に樂しんで郷黨《きょうとう》・宗族と共に其の賜を享《う》け、以て吾が餘日を盡す、亦可ならずやと。

【大意】疏廣は、漢の元帝が太子の頃の補佐役であったが、老いて帰郷するに際し、宣帝は黄金二十斤を加賜し、太子も亦五十斤を贈った。郷里に帰ると、来る日も来る日も家に酒食を設営して、一族の者、昔からの知り合い、賓客を招いて宴会を楽しんでいた。しばしば黄金のあまりがどのくらいあるか尋ね、更に督促して酒食を用意させた。

　こんなことが一年あまり続いたところで、疏廣の子孫たちはひそかに仲のよい父と同年配の老人にたのんで、金のあるうちにその家の生計の基盤を確立するため田畑を買い増しておいた方がよいと勧めてもらった。時を見はからってその老人が疏廣にその話をもちかけると、疏廣がいうには「自分は老いぼれてしまって子孫の将来を忘れてしまったわけではない。考えてみればわが家には昔からの田畑があり、子孫がしっかりやれば、世の並みの生活には充分に足りる。それなのに、ここで田畑を増やして余裕があまりでるようにするのは、ただ子孫に怠惰を教えることになるだけだ。もし子孫が賢くあれば、その志をそこなうことになるし、愚であれば、過ちが増すことになろう。いずれも財が多いことがその因《もと》である。それに加えて富はとかく人の怨みを買うもとでもある。自分は従前、子孫を教化してこなかったが、これから子孫の過を益し、怨みを買うようにすることは望まない。それにこの黄金は、帝が老臣を恵養するために賜ったものだ。だから郷里の仲間と親族の者と一緒に、帝の恩恵を享受して余生を過ごす。けっこうなことではないか」と。

『前漢書』の列伝にあります。「骸骨を乞ふ《がいこつ》」とは、公職にある間は犠牲にして働くために、骸骨の様に瘠せ細る。従って辞職の意味に用いる。大賛成で誠に嬉しい一文であります。愚人が沢山金を持つと必ず失敗する。賢者も同じことで、どうしても志を損じ、理想精神を失い勝ちであります。

柳玭《へん》嘗て書を著し、其の子弟を戒めて曰く、名を壞《やぶ》り己に災《わざわい》し、先を辱め、家を喪《うしな》ふ。其の先尤も大なる者五つ。宜しく深く之を誌《しる》すべし。其の一、自ら安逸を求めて澹泊《たんぱく》に甘んずること靡《な》く、己に苟利《こうり》あれば、人の言を恤《うれ》へず。其の二、儒術を知らず、古道を悦ばず、前經《ぜんけい》に懵《くら》くして而も耻ぢず。當世《とうせい》を論じて而て頤《い》を解き身既に知寡《すくな》くして、人の學有るを悪む。其の三、己に勝る者は之を厭《いと》ひ、己に佞《へつら》ふ者は之を悦び、唯だ戯談《ぎだん》を樂みて、古道を思ふこと莫《な》く、人の善を聞いて之を嫉《にく》み、人の悪を聞いて之を揚げ、頗僻《はへき》に浸漬《し》し、德義を鎖刻す。簪裾《しんきょ》徒に在り。厮《し》養と何ぞ殊ならん。其の四、優游《ゆうゆう》を崇び好み、麹蘖《きくげつ》を耽《むさぼ》り嗜《たしな》み、杯を啣《ふく》むを以て高致《こうち》となし、事を勤むるを以て俗流と爲す。之を習へば荒み易く、覺《おぼゆ》れども已に悔い難し。其の五、名宦に急にして、權要《けんよう》に匿《かく》れ近づく。一資半級或は之を得と雖も、衆怒り群猜《そね》み、存する者有ること鮮《な》し。余・名門右族を見るに、祖先の忠孝・勤儉《きんけん》に由って以て之を成立せざるなく、子孫の頑率奢傲《がんそつしゃほう》に由って以て之を覆墜《ふくつい》せざる莫し。成立の難きは天に升《のぼ》るが如く、覆墜《ふくつい》の易きは毛を燎《や》くが如し。之を言えば心を痛ましむ。爾宜《なんじよろ》しく骨に刻むべし。

【大意】『柳氏家訓』を著し、その子弟に奢侈を訓戒していう。家名をきずつけ、己に災厄を招き、祖先を辱め、家を滅ぼす最大の要因が五つある。これを深く銘記しておかねばならぬ。

その一は、自ら安逸に流れて寡欲に甘んずることができず、少しの利益も得ようとして忠告も耳に入らないこと。

その二は、学問せず、古典に無知でも反省せず、今の世の中を論評はするが、知は寡く、他人に学があることをにくむこと。

その三は、己に勝る者をいとい、己にへつらう者をよろこび、唯《ただ》ざれごとを楽しんで、古道の教えには関心が少なく、人の善を聞いてはねたみ、人の悪を聞いてはこれを強調し、片よりや横しまにひたり、徳義をけずりとり、服装のみはやたらとととのっているにひとしい。人ではなく馬を養っていること。

その四は、ゆったりとした生き方をよいとして好み、酒を耽り嗜むを高致として、仕事に勤勉なことを俗流としている。そんな習慣になれると荒み易いと覚っても、一向に後悔しないこと。

その五は、出世したくて、ひそかに上司に近づく。これでは、少しの資格などは手に入ろうが、多くの人の怒りと猜みを受けて、皆失ってしまう。

私が名門右族を見てみると、みな祖先の忠孝・勤倹によって成立しており、子孫の頑率奢放によって家門が滅びなかった例はなかった。成立は至難だが、滅亡は容易である。こう言えば心が痛むだろうが、なんじら、よく骨に刻んで忘れてはならない。

頗僻はかたよること。一資半級はおこぼれ。頑率はかたくなで軽率なこと。成立は家を興すこと。

家を興すことの難しさは天に升《のぼ》るが如く、これを墜させるの容易なことは毛をやくが如きものである。実際その通りであります。

苑文正《はんぶんせい》公参知政事たる時、諸子に告げて曰く、吾貧しき時、汝が母とともに吾が

親を養ふ。汝が母躬《みずか》ら爨《さん》を執る。而て吾が親甘旨《かんし》未だ嘗て充《み》たざるなり。今にして厚禄《こうろく》を得たれば、以て親を養はんと欲すれども親は在さず。汝が母も亦已に蚤《そう》世《せい》す。吾が最も恨む所の者なり。若《なんじ》が曹《ともがら》をして富貴の樂を享《う》けしむるに忍びんや。吾が呉中の宗族《そうぞく》甚だ衆《おほ》し。吾に於ては固より親疎有り。然れども吾が祖宗より之を視れば、則ち均しく是れ子孫にして、固より親疎《しんそ》無きなり。苟も祖宗の意にして親疎《しんそ》無ければ、則ち饑寒《きかん》の者吾れ安《なん》ぞ恤《あわれ》まざるを得んや。祖宗より來《このかた》德を積むこと百餘年にして、而て始めて吾に發して大官に至るを得たり。若し濁り富貴を享けて而て宗族を恤《あわれ》まずんば、異日何を以てか祖宗に地下に見《まみ》えん。今何の顔《かんばせ》あつてか家廟に入らんやと。是に於て恩例《おんれい》・俸賜《ぼうし》・常に族人に均《ひと》しうし、幷《なら》びに義田宅を置くと云う。

宋の范文正公（仲淹）が大臣をしておった時、子供達に告げて言うには、私がまだ駈出しの貧乏時代には、お前達のお母さんと力を協せて親を養っておった。当時お前達のお母さんは自身で炊事をし、お前達の祖父母はかつて御馳走を腹一杯食べたことはなかったのである。今出世して厚禄を得るようになったけれども、最早その親はおらん。お前達のお母さんも早くこの世を去った。私のもっとも恨みに思うところである。

それを思うとお前達に富貴の楽しみを享受せしむるに忍びない。郷里の呉には一族のものがおおぜいおる。勿論自分には親しいものもあれば疎遠なものもある。然しわが先祖からこれを見れば、等しくみな同じ子孫であって、もとより親疎の別などあろう筈がない。いやしくも先祖の心に親疎の別がないならば、一族の中の衣食に困っておるものをどうして私が憐まずにおられようか。

先祖代々徳を積むこと百余年にして、初めて自分にその徳があらわれて大官になることが出来た。若し自分一人だけが富貴を受けて、一族を憐まなければ、いつか死んだ時にどうして先祖の人達に地下でお会いすることが出来ようか、どんな顔をして家廟にはいることが出来ようか。

そこで、今までしばしば朝廷から賜わったものや俸禄を一族の人達に等しく分配して、併せて一門一族を救済する田を設けようと思うと。

范忠宣公《はんちゅうせん》、子弟を戒めて曰く、人至愚と雖も人を責むるは則ち明らかなり。聰《そう》明《めい》有りと雖も己れを恕《じょ》するは則ち昏《くら》し。爾が曹《ともがら》、但《た》だ常に人を責むるの心を以て己れを責め、己れを恕するの心にて人を恕せば、聖賢の地位に到らざるを患へざるなり。

范忠宣公は文正公の子で、名を純仁と言う。大臣もあり、父を辱ずかしめぬ立派な人であった。その忠宣公が子弟を戒めて言うには、人間というものは自分はどれほど馬鹿でも、人を責めることはよく出来るものである。反対にどれほど頭がよくても、自分をゆるすということになると、全くわからない。お前達は常に人を責めるような心で自分を責め、自分をゆるすような心で人をゆるせば、聖賢の地位に到達出来ないことを心配する必要はないんだと。

こういうことがわれわれの精神・行動のルールなのであります。このルールを明らかにしなければ、どれだけ政治や経済を論じてみても、結局は枝葉末節で、根本的にはなんの解決にもならない。やはり道徳教育・社会教育というものを確立して、根本をなおさねばならないのであります。それにはどうしても小学をやらなければいけない。小学なくして人間革命も精神革命もない。小学なくして大学なし。現代の悩みはその小学をなくしてしまったところにあると信じます。

あとがき

時局時流に惑わされることなく古哲先賢に学んで良知の煥発を――安岡正篤師が真摯に道を求める若者十名の要望に応えて昭和二十六年に始められた「先哲講座」。その精髄を『活学講座――学問は人間を変える』として、この夏に刊行いたしました。それに続く第二弾として、本書を大きな喜びをもって送り出します。

安岡師はご講義を活字にすることはあまり好まれなかったとうかがいます。その時その時に込められる熱い思いが直に魂に響き共鳴することを、何よりも大切にしておられたからでありましょう。

しかし、それを受け止める若者たちの志は、師の一言一言を書き留めずにはいられませんでした。その堅固な道心が本書を生み出した礎であることを思うとき、学びによってつながれる深い絆を思わずにはいられません。

「道縁は無窮」――安岡師の晩年のお言葉が身に沁みてきます。

歴史を学び、哲学を学んで自己の安心立命を求めることは決して迂遠な道ではなく、時局を知り、時代を認識する、すなわち現代をつかみ取り、生き方を確信する何よりの確かな道であることを、本書は教えてくれると信じます。

一人でも多くの人びとが無窮なる道縁につながることを願ってやみません。

この度も安岡正泰様に「まえがき」を、また、郷学研修所の荒井桂所長には懇切なる解説と注釈をいただきました。心よりお礼申し上げます。

平成二十二年　残暑厳しき日

株式会社致知出版社
代表取締役　藤尾　秀昭

＊本書は関西師友協会より刊行された『活学』（昭和四十年発行）『活学　第二編』（昭和四十七年発行）『活学　第三編』（昭和五十七年発行）から四編を収録、再編集したものです。
＊現代の時代感覚に合わない箇所については、講話当時の時代背景を斟酌して一部分の改訂に止めました。
＊本文中の「大意」「解説」は財団法人郷学研修所・安岡正篤記念館副理事長兼所長の荒井桂氏によるものです。

著者略歴
安岡正篤（やすおか・まさひろ）
明治31年大阪市生まれ。大正11年東京帝国大学法学部政治学科卒業。昭和２年㈶金雞学院、６年日本農士学校を設立、東洋思想の研究と後進の育成に努める。戦後、24年師友会を設立、政財界のリーダーの啓発・教化に努め、その精神的支柱となる。その教えは人物学を中心として、今日なお日本の進むべき方向を示している。58年12月死去。
著書に『日本精神の研究』『いかに生くべきか――東洋倫理概論』『王道の研究――東洋政治哲学』『人生、道を求め徳を愛する生き方――日本精神通義』『経世瑣言』『安岡正篤人生信條』ほか。講義・講演録に『人物を修める』『易と人生哲学』『佐藤一斎「重職心得箇条」を読む』『青年の大成』などがある（いずれも致知出版社刊）。

洗心講座
聖賢の教えに心を洗う

平成二十二年九月三十日第一刷発行

著　者　安岡　正篤
発行者　藤尾　秀昭
発行所　致知出版社
〒150-0001東京都渋谷区神宮前四の二十四の九
TEL（〇三）三七九六―二一一一
印刷・製本　中央精版印刷
落丁・乱丁はお取替え致します。　（検印廃止）

ISBN978-4-88474-898-2 C0095
ホームページ http://www.chichi.co.jp
Eメール books@chichi.co.jp

安岡正篤シリーズ

人物を修める―東洋思想十講―
安岡正篤 著

仏教、儒教、神道といった東洋思想の深遠な哲学を見事なまでに再現。安岡人間学の真髄がふんだんに盛り込まれた一冊。

定価／本体1,500円

易と人生哲学
安岡正篤 著

難解と言われる「易経」を分かりやすく、親切の限りを尽くして、基本思想から解説。最良の「易経」入門書である。

定価／本体1,500円

立命の書「陰《いん》騭《しつ》録《ろく》」を読む
安岡正篤 著

人生には、宿命・運命・立命がある。道徳的努力によって自らの運命を拓き、立命へと転換を図る極意を学ぶ。

定価／本体1,500円

呻《しん》吟《ぎん》語《ご》を読む
安岡正篤 著

第一等の人物とは――。明末の儒者・呂新吾の著した人間練磨、自己革新の書が安岡師を通してよみがえる。

定価／本体1,500円

青年の大成―青年は是《かく》の如《ごと》く―
安岡正篤 著

さまざまな人物像を豊富に引用して具体的に論説。碩学・安岡師が青年のために丁寧に綴る人生の大則。

定価／本体1,200円

いかに生くべきか―東洋倫理概論―
安岡正篤 著

若き日、壮んなる時、老いの日々。それぞれの人生をいかに生きるべきかを追求。安岡教学の骨格をなす一冊。

定価／本体2,600円

経《けい》世《せい》瑣《さ》言《げん》 総論
安岡正篤 著

人間形成についての思索がつまった本書には、心読に値する言葉が溢れる。安岡教学の不朽の名著。

定価／本体2,300円

佐藤一斎『重職心得箇条』を読む
安岡正篤 著

江戸末期の名儒学者・佐藤一斎の不易のリーダー論「重職心得箇条」。人の上に立つ者の心得が凝縮されている。

定価／本体800円

安岡正篤 人生信條
安岡正篤 著

共に研鑽の道を歩む師友同志の綱領、規約、指針をまとめた『師友の道』を復刻・改題。安岡師の人生を導く言葉を凝縮。

定価／本体1,000円

安岡正篤一日一言
安岡正泰 監修

安岡師の膨大な著作の中から金言警句を厳選。三六六のエッセンスは、生きる指針を導き出す。安岡正篤入門の決定版。

定価／本体1,143円